Hrsg.: Wilhelm Kaune

Das Heilpädagogische Voltigieren und Reiten mit geistig behinderten Menschen

mit Beiträgen von:
Ina Burgdorf
Gudrun Kaune
Gabriele Eickmeyer
Margarete Gehrke
Wilhelm Kaune

FN-Verlag, Warendorf

Zum Titelbild:
Nach mehrtägigem Ritt durch das Isländische Hochland
verabschiedet sich Gunther von seinem Freund 'Trölli'.

CIP-Titelaufnahme der Deutschen Bibliothek

Das Heilpädagogische Voltigieren mit geistig behinderten
Menschen / Wilhelm Kaune. Mit Beitr. von Ina Burgdorf ... –
Neuaufl. – Warendorf: FN-Verl. der Dt. Reiterl. Vereinigung,
1993
NE: Kaune, Wilhelm; Burgdorf, Ina, Deutsche Reiterliche Vereinigung:

Neuauflage 1993

Druck und Verarbeitung: SCHNELL Buch & Druck, Warendorf

ISBN 3-88542-265-4

Vorwort zur zweiten Auflage

Es ist eine der lähmendsten und niederdrückendsten Erfahrungen für den Menschen, aus dem Wechselspiel mit anderen Menschen ausgeschlossen zu sein oder darin nicht mithalten zu können. Die Babyforschung hat erwiesen, daß schon auf dem Niveau der frühen sensomotorischen Anreicherung der Selbst- und Objektwahrnehmung ein starkes Bedürfnis bei den Kindern besteht, aktiv den leibhaften Dialog mitzugestalten.

Schon bald werden dabei rhythmische Wiederholungen besonders lustvoll und entspannend erlebt und ihr hoher Wert für das differenzierende Lernen komplexerer Verhaltensweisen ist nicht zu übersehen. Alle Menschen erwerben so die Basis für die Entfaltung höherer geistiger Funktionen bis zu abstrakten Denkoperationen.

Unabhängig von der Verursachung werden Kinder, Jugendliche und Erwachsene als geistig behindert angesehen, wenn sie „entwicklungsverzögert" nicht über die Verhaltens- und Lernmöglichkeiten verfügen, die ihrer Altersstufe entsprächen.

Im Vorschulalter können sie durch Sonderkindergärten gefördert werden und im Schulalter brauchen sie Klassen, deren Lehr- und Lerntechniken noch spezialisierter sind als in Sonderschulen für Lernbehinderte.

Der vorliegende Band des FN-Verlages der Deutschen Reiterlichen Vereinigung weist auf, welche außerordentlich hilfreiche Wirkung die Arbeit mit dem Pferd als Medium der heilpädagogischen Förderung für die sogenannten Geistigbehinderten haben kann. Fachlich fundiert und professionell eingesetzt wird durch das Heilpädagogische Voltigieren und/oder Reiten im Sinne des Deutschen Kuratoriums für Therapeutisches Reiten praktisch auf jeder Altersstufe die grundlegende Erfahrung des sensomotorischen Dialoges wieder belebt und durch die pädagogische Verknüpfung mit entsprechenden Lernerfahrungen für die Einführung in Arbeits- und Freizeitmöglichkeiten fruchtbar gemacht.

Wie in den beispielhaft dargestellten Einrichtungen des norddeutschen Raumes so wurden auch im weiteren deutschsprachigen und internationalen Felde, zum Beispiel in England, Frankreich, Holland, Italien, Kanada, Skandinavien und USA mit unterschiedlichen Organisationsformen in der Sache die gleichen überzeugenden Erfahrungen gemacht und dokumentiert.

Es ist das Verdienst von Wilhelm Kaune und seinen Mitautorinnen, in langjähriger Praxis entwickelte Modelle vorzustellen, die sich wohl nicht nur unter den in Deutschland geltenden Bedingungen sehr gut bewähren. Die vielen praktischen Anleitungen in Verbindung mit zahlreichen instruktiven Fotos sind sehr lehrreich und legen es nahe, für die Aus- und Fortbildung eingesetzt zu werden.

So ist auch dieser neu bearbeiteten und erweiterten Zweitauflage wieder eine weite Verbreitung zum Nutzen der Behinderten zu wünschen.

Prof. Dr. Carl Klüwer
Präsident der Internat. Förderation
für Therapeutisches Reiten

Refrath, den 14.2.1993

Vorwort zur ersten Auflage

Gut 20 Jahre verfolge ich die Versuche, das Voltigieren oder Reiten in die pädagogische Arbeit mit auffälligen Kindern und Jugendlichen einzubeziehen, um gezielt individuelle Defizite im personalen und sozialen Bereich aufzuarbeiten. Das Pferd fungiert hier als ein wirksames Medium bei der Vermittlung erwünschter Aktivitäten und Verhaltensweisen des heranwachsenden Menschen, das durchweg von allen Kindern mit dauerhaftem Interesse angenommen wird.

Diese positiven Erfahrungen werden inzwischen international — unabhängig vom gesellschaftlichen System — bestätigt und ermutigen zu dem Entschluß: Zielvorstellungen und Arbeitsweisen des Heilpädagogischen Voltigierens einer breiteren Öffentlichkeit zugänglich zu machen.

Wer unmittelbar beobachten konnte, wie geistig behinderte Kinder über das Voltigieren zu völlig unerwarteten Leistungen im motorischen, kognitiven und sozialen Bereich befähigt werden, wird den Darstellungen in der anliegenden Arbeit mit den differenzierten methodisch-didaktischen Anregungen nicht nur Glauben schenken, sondern wünschen, daß sie in möglichst vielen Einrichtungen mit geistig behinderten Kindern schon bald zur Anwendung kommen.

Antonius Kröger
Kuratorium für Therapeutisches Reiten

Münster, Juli 1982

4

Inhaltsverzeichnis

3. Das Heilpädagogische Reiten in einer schulischen Einrichtung für geistig Behinderte
von Gudrun und Wilhelm Kaune

4. Integration von Behinderten im Rahmen des Voltigierens und Reitens als Angebot eines ländlichen Reitvereines
von Gabriele Eickmeyer

5. Voltigieren, eine Möglichkeit der Freizeitgestaltung von Behinderten und Nichtbehinderten
von Margarete Gehrke und Wilhelm Kaune

Wenn in unseren Texten von den Schülern, Voltigierern, Reitern usw. die Rede ist, bezieht sich dieses selbstverständlich auch auf die Schülerinnen, Voltigiererinnen, Reiterinnen und Reitpädagoginnen.

Wir sind der Meinung, daß sich die Texte ohne die mittlerweile zwar übliche, oftmals aber recht umständliche Form (ReiterInnen, VoltigiererInnen ...) besser lesen lassen und haben uns deshalb für diese Kurzform entschieden.
Dennoch hoffen wir, daß sich alle unsere Leserinnen und Leser von uns angesprochen fühlen!

Einführung des Herausgebers

Wie ich aufs Pferd kam

Als junger Sozialarbeiter übernahm ich 1966 in der Nähe von Hamburg ein Säuglings- und Kinderheim. In diesem Heim lebten Kinder mit Hospitalschäden, mit Entwicklungsverzögerungen, mit geistigen Behinderungen und mit Verhaltensauffälligkeiten. Erschreckend waren bei allen Kindern die „emotionalen Defizite". Hygienisch waren sie alle einwandfrei versorgt, an der notwendigen emotionalen Zuwendung, an der Vermittlung von Sicherheit und Geborgenheit mangelte es jedoch sehr. All jenes, was Kinder in den ersten Lebensjahren benötigen, wurde ihnen nicht gegeben.

Während ich nun gemeinsam mit einigen überzeugten Leuten des Pflege- und Erziehungspersonals versuchte, bei den Kindern die emotionalen Rückstände aufzuarbeiten, beobachtete ich, daß sich viele Kinder zu Tieren hingezogen fühlten. Ähnliche Beobachtungen machte ich bei meinen eigenen Kindern. Den positiven Einfluß von Tieren haben wir besonders bei unserem Sohn, bei dem es durch einen Impfschaden zu einer Hirnschädigung gekommen war, erfahren können. Die Entwicklungsimpulse und Entwicklungsfortschritte, die Gunther insbesondere durch unsere Schäferhündin, mit der er zusammen aufgewachsen ist, erhalten hat, waren uns mit allen durchgeführten pädagogischen und therapeutischen Programmen nicht möglich.

Die Beobachtungen, sowohl bei den Heimkindern, als auch bei den eigenen Kindern, führten zu dem Entschluß, eigene Tiere im Heim zuzulassen. Eine Entscheidung, die Konflikte mit den Behörden bedeutete. Für die Auseinandersetzung mit der Heimaufsicht waren wir gerüstet.

Bald hatten viele Kinder ihr eigenes Tier. Auffallend war, daß Felltiere (Hamster, Meerschweinchen, Kaninchen, Katzen und Hunde) bevorzugt wurden. Ein Pferd gab es zunächst noch nicht im Heim, obwohl der Wunsch vorhanden war. Dem Heim stand für den Kauf eines eigenen Pferdes kein Geld zur Verfügung. Den Pferdewunsch der Kinder habe ich allerdings bei verschiedenen Anlässen immer wieder geäußert. Eines Tages war dann der große Augenblick da, das Heim bekam ein Islandpferd geschenkt.

Da niemand von uns genügend Erfahrung mit Pferden hatte, mußten wir uns etwas einfallen lassen. Kurz entschlossen nahmen einige Kinder, Jugendliche und ich Reitunterricht in der Reit- und Fahrschule Elmshorn. Die Fachleute dort haben uns auch bei der Haltung und Versorgung unseres Ponys beraten.

Rückschauend stelle ich fest, daß dieser Abschnitt meines Erzieherlebens mit der schönste und erlebnisreichste war. Ich hatte die gleichen Probleme, Schwierigkeiten, Empfindungen und Erlebnisse wie unsere (Heim-) Kinder und Jugendlichen. Diese gemeinsamen Erlebnisse haben unser Zusammenleben geprägt.

Es dauerte nicht lange, da bekam das Heim ein zweites Pony geschenkt. Nach kurzer Zeit besaß das Heim vier Ponys, dazu kamen noch die zwei Ponys meiner Kinder.

Nun wurde es Zeit, das Zusammenleben mit unseren Ponys zu strukturieren und zu intensivieren. Zunächst regelten wir die Pflege und Versorgung der Tiere, je zwei Kinder hatten ein „Pflegepony". Damit alle Kinder etwas von den Ponys hatten, wurden Reitstunden festgelegt. Sie beinhalteten das Vorbereiten der Ponys für die Stunde, das geführte Reiten, die Aufgabe des Führens der Anfänger, selbständiges Reiten und die Aufgabe nach dem Reiten. Erste Ansätze des „Heilpädagogischen Reitens" wurden hier bereits praktiziert.

Nach mehrjähriger Tätigkeit in diesem Heim, das inzwischen in ein Heilpädagogisches Kinder- und Jugendheim umgewandelt war, verließ ich dieses, um Heilpädagogik zu studieren.

Nach Beendigung dieses Studiums übernahm ich die pädagogische Leitung des Heilpädagogischen Kindergartens und der Heilpädagogischen Tagesbildungsstätte der Lebenshilfe in Gifhorn. Die Heilpädagogische Tagesbildungsstätte ist eine Einrichtung der Sozialhilfe, in der geistig behinderte Kinder und Jugendliche ihre Schulpflicht erfüllen. Die pädagogische Leitung dieser Einrichtung übernahm ich zu einer Zeit, als die geistig behinderten schulpflichtigen jungen Menschen in vielen Ländern der Bundesrepublik Deutschland noch als „bildungsunfähig" ausgeschult wurden. Dieses, obwohl eine allgemeine Schulpflicht bestand.

1975 begannen wir hier, neben anderen heilpädagogischen Maßnahmen, auch das Pferd für die Entwicklungsförderung

der geistig behinderten schulpflichtigen Kinder und Jugendlichen als Medium einzusetzen. Da Reiten aus vielen Gründen nicht möglich war, begannen wir mit dem Voltigieren. Im Laufe der nächsten Jahre versuchten wir, das Voltigieren mit geistig behinderten Schülern zu systematisieren und unterrichtlich zu begründen.

Neben den schulischen Angeboten begannen 1981 einige Kollegen und Eltern, Freizeitmöglichkeiten für geistig Behinderte zu organisieren. Für uns war es selbstverständlich, auch das Voltigieren und später das Reiten als Freizeitgestaltung anzubieten. Dieses Freizeitangebot wurde gemeinsam mit behinderten und nichtbehinderten jungen Menschen in einem dörflichen Reiterverein begonnen. In diesem Verein waren bereits einige von uns aktiv und unsere Kinder voltigierten und/oder ritten dort. Auch mein geistig behinderter Sohn nahm gemeinsam mit seinen beiden Schwestern an den Aktivitäten des Vereins teil.

Seit einigen Jahren stehen uns für den Unterricht in der Heilpädagogischen Tagesbildungsstätte vier Therapiepferde zur Verfügung. Seitdem wird auch hier das „Heilpädagogische Reiten" im Rahmen einer Arbeitsgemeinschaft durchgeführt. Nach vielen Jahren Förderungs- und Integrationsarbeit bei geistig behinderten Menschen mit unserem Partner Pferd stelle ich rückblickend fest, daß dabei Bereitschaften aktiviert wurden, die zur „Selbstverwirklichung in sozialer Integration" beigetragen haben. An meinem behinderten Sohn konnte ich aus nächster Nähe erleben, welche persönlichkeitsbildenden Möglichkeiten unser „Partner Pferd" eröffnen kann. Gunther ist heute ein fröhlicher, netter, junger

Mann, der trotz seiner Behinderung sein Leben in dieser Gesellschaft meistern kann, wenn seine Neigungen und Eignungen berücksichtigt werden. In seinem Arbeitsleben und in seiner Freizeit sind Tiere ein Teil seines Lebensinhaltes, deshalb arbeitet er auch auf einem Bauernhof und hat zu Hause seine Tiere, darunter auch zwei Islandpferde. In seiner Freizeit voltigiert und reitet er zusammen mit anderen Behinderten und Nichtbehinderten im Reiterverein, unternimmt Ausritte mit Freunden und seinen Schwestern und war im Urlaub bereits einige Male in Island, wo er an mehrtägigen Reittouren durch das Hochland teilgenommen und dabei neue Bekanntschaften geschlossen hat.

Den persönlichkeitsbildenden Wert des Umgangs mit dem Pferd haben Pädagogen, Eltern und andere Beobachter auch an anderen Orten erfahren und darüber berichtet.

Das Heilpädagogische Voltigieren und Reiten als Bereich des Therapeutischen Reitens

In der Bundesrepublik Deutschland unterscheiden wir im Therapeutischen Reiten die drei Fachbereiche:
Hippotherapie
Heilpädagogisches Voltigieren und Reiten
Behindertenreitsport

Die Bezeichnung „Therapeutisches Reiten" wird als Oberbegriff verwendet.
Die drei Fachbereiche sind definitorisch klar gegliedert.
In der Praxis können sie sich zuweilen überschneiden. Übergänge kommen aber auch vom Therapeutischen Reiten zum allgemeinen Reitsport (Freizeit- und Breitensport, Leistungssport und Schulsport) vor.

Hippotherapie

Die Hippotherapie ist eine spezielle krankengymnastische, ärztlich verordnete und überwachte bewegungstherapeutische Maßnahme, die sich der Bewegung des Pferdes als therapeutisches Medium bedient. Sie wird von Krankengymnasten mit Zusatzausbildung bei Patienten mit entsprechend indizierten Krankheitsbildern durchgeführt.

Behindertenreitsport

Der Behindertenreitsport bietet sportfähigen Behinderten (Körperbehinderte, Sinnesgeschädigte, geistig Behinderte) die Möglichkeit eines freudvollen gemeinsamen Freizeitangebotes. Alle Formen des Reitsports (Dressur, Geländereiten, Springreiten, Voltigieren, Fahren) sind — gegebenenfalls mit Hilfsmitteln — möglich. Als Übungsleiter sind Berufs- und Amateurreitausbilder mit spezieller Zusatzausbildung tätig. Die ärztliche Betreuung erfolgt so, wie es im allgemeinen Behindertensport üblich ist.

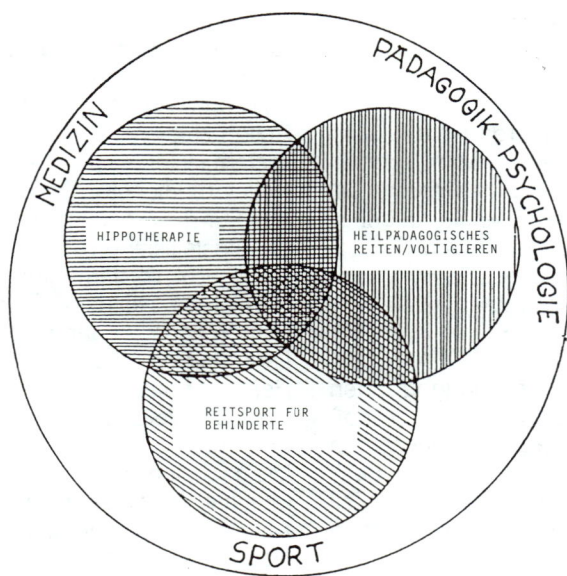

Abb. 1: Schematische Darstellung der verschiedenen Bereiche im Therapeutischen Reiten. 1)

Heilpädagogisches Voltigieren und Reiten

Unter dem Begriff „Heilpädagogisches Voltigieren und Reiten" werden pädagogische, psychologische, psychotherapeutische, rehabilitative und sozio-integrative Angebote mit Hilfe des Pferdes bei Kindern, Jugendlichen und Erwachsenen mit verschiedenen Behinderungen und Störungen zusammengefaßt. Dabei steht nicht die reitsportliche Ausbildung, sondern die individuelle Förderung über das Medium Pferd im Vordergrund, d.h. vor allem eine günstige Beeinflussung der Entwicklung des Befindens und des Verhaltens. Im Umgang mit dem Pferd, beim Voltigieren oder Reiten, wird der Mensch ganzheitlich angesprochen: kör-

perlich, emotional, geistig und sozial (Definition des DKThR). Das Heilpädagogische Voltigieren/Reiten hat sich für folgende Zielgruppen als heilpädagogische Maßnahme bewährt:
Personen mit
− Lernbehinderung,
− geistiger Behinderung,
− Verhaltensauffälligkeiten,
− Störungen in der emotionalen Entwicklung (Beziehungsprobleme),
− Störungen in der Bewegung und Wahrnehmung aufgrund verschiedener Verursachungsmomente (psychoorganisches Syndrom/POS, minimale cerebrale Dysfunktion/MCD, sensorische Integrationsstörung),
− Sprachbehinderungen,
− autistischen Verhaltensweisen,

— psychischen Störungen,
— psychischen und psychosomatischen Erkrankungen.

Praxisfelder sind: Kindergärten und Sonderkindergärten, Regel- und Sonderschulen, Heime, Beratungsstellen, Schulpsychologische Dienste, Jugendfarmen, Kliniken, Einrichtungen der Lebenshilfe, Tagesbildungsstätten, Volkshochschulen, Reitervereine, private Einrichtungen.

Zur Entwicklung des Heilpädagogischen Voltigierens/Reitens ist zu sagen, daß uns die ersten Ansätze in den Jahren 1960-1970 in der Bundesrepublik Deutschland bekannt sind. In dieser Zeit begannen Pädagogen und Psychologen das Pferd als Medium in der Förderung, Erziehung und Verhaltensänderung von Kindern und Jugendlichen mit verschiedenen Entwicklungsschwierigkeiten und Verhaltensproblemen einzusetzen.

In der Bundesrepublik Deutschland war es insbesondere Antonius Kröger, damals Lehrer an einer Heimsonderschule in Wettringen, der seine Erfahrungen mit dem Pferd bei lern- und verhaltensauffälligen Kindern und Jugendlichen durch Veröffentlichungen bekannt machte.

Im November 1970 wurde das Kuratorium für Therapeutisches Reiten e.V. (KThR) gegründet. Ihm gehören Fachleute aus den Bereichen Medizin und Psychiatrie, Pädagogik und Psychologie und des Sports an.

Mediziner, Krankengymnasten, Pädagogen, Psychologen, Pferdefachleute und viele andere Fachleute und Interessierte wirken im DKThR mit. (Seit der Wiedervereinigung heißt das Kuratorium für Therapeutisches Reiten **Deutsches Kuratorium für Therapeutisches Reiten**).

Aufgabe des DKThR war es zunächst, die Fülle der Ansätze im Therapeutischen Reiten zu sichten, sie zu ordnen und zu systematisieren, zu koordinieren und weiter zu intensivieren und zu qualifizieren. Für die drei konzipierten Fachbereiche kristallisierten sich unterschiedliche fachliche Anforderungen heraus. Für den Bereich des Heilpädagogischen Voltigierens/Reitens begann 1976 der erste Lehrgang für Pädagogen in Dillenburg/Hessen unter Leitung des Ehepaares Frau Ch. Heipertz-Hengst und Herrn W. Heipertz.

Die nächsten Lehrgänge wurden dann in Münster/Westfalen unter der Leitung von Antonius Kröger durchgeführt.

Nach bestandener Prüfung wurde den Absolventen ein Befähigungsnachweis für die selbständige Durchführung des Heilpädagogischen Voltigierens und/oder Heilpädagogischen Reitens durch das DKThR ausgestellt.

Für die Konzeption und die weitere Qualifizierung der Ausbildung haben sich in den Anfangsjahren insbesondere Antonius Kröger, Carl Klüwer und Marlies und Bernhard Ringbeck engagiert.

Inzwischen finden außer in Münster auch Lehrgänge in Dormagen und Bethel statt.

Auskünfte über Lehrgangsbedingungen, Kosten usw. sind beim
Deutschen Kuratorium für Therapeutisches Reiten e.V.
— Bundesgeschäftsstelle —
Freiherr-von-Langen-Str. 13
48231 Warendorf
zu erhalten.

Etwa zur gleichen Zeit wie in der BRD entwickelten sich in den deutschsprachigen Ländern Schweiz, Österreich und in der damaligen DDR unabhängig voneinander ebenfalls erste Ansätze im Heilpädagogischen Voltigieren/Reiten.

In der Schweiz war es Marianne Gäng, die mit Islandpferden Heilpädagogisches Reiten durchführte. In ihrem 1983 erschienenen Buch „Heilpädagogisches Reiten" stellte sie ihre Arbeit der Öffentlichkeit vor.

In Österreich machte Gundula Hauser das Heilpädagogische Voltigieren/Reiten bekannt.

Aus der ehemaligen DDR erfuhren wir durch die Veröffentlichung von Ohms/Göhler vom Therapeutischen Reiten mit verhaltensgestörten Kindern.

Wie in der BRD wurden auch in der Schweiz und in Österreich Ausbildungslehrgänge für Heilpädagogisches Voltigieren/Reiten durchgeführt. Aufnahmebedingungen sind der Nachweis einer abgeschlossenen Ausbildung in einem pädagogischen, psychologischen oder psychotherapeutischen Beruf und eine entsprechende reitsportliche Qualifikation. Bei der beruflichen Ausbildung haben alle drei Länder die gleichen Bedingungen.
Bei den reitsportlichen Voraussetzungen gibt es kleine Unterschiede. Der Befähigungsnachweis wird bei Berücksichtigung dieser Unterschiede in allen drei Ländern gegenseitig anerkannt.

Die Bezeichnung „Reitpädagoge/in" ist inzwischen allgemein üblich, allerdings können sich Inhaber des Befähigungsnachweises mit entsprechender Voltigierqualifikation auch Voltigierpädagoge/in nennen.

Die ersten Ansätze und die Weiterentwicklung des Heilpädagogischen Voltigierens und Reitens bei geistig Behinderten

Das Heilpädagogische Voltigieren/Reiten mit dem Personenkreis der geistig Behinderten hat in der BRD an mehreren Stellen begonnen. Erste Anfänge sind mir aus dem Zeitraum um 1975/76 bekannt.

In Norddeutschland waren es insbesondere die Lebenshilfeeinrichtungen in Walsrode, Lüneburg und Gifhorn, sowie die Sonderschule für geistig Behinderte in Bad Schwartau. Bekannt wurde auch der Einsatz des Pferdes bei der Förderung von geistig Behinderten in Ludwigshafen-Oggersheim und in Köln beim Reit-Therapie-Zentrum „Weisser Bogen". Während im Norden hauptsächlich das Heilpädagogische Voltigieren praktiziert wurde, stand in Ludwigshafen und Köln das Heilpädagogische Reiten im Vordergrund.

Um 1980 begannen Praktiker, ihre Erfahrungen in der Arbeit mit geistig Behinderten durch Vorträge und Filme bekannt zu machen. Neben mir war es Astrid Lampe, die das Heilpädagogische Voltigieren/Reiten mit geistig Behinderten theoretisch begründete. Mit meiner − 1982 im FN-Verlag erschienenen − Publikation „Das Heilpädagogische Voltigieren mit geistig behinderten Schülern", habe ich als Praktiker unsere Arbeit bei geistig Behinderten mit dem Pferd theoretisch begründet und methodisch-didaktische Anregungen für das Heilpädagogische Voltigieren mit geistig Behinderten gegeben.

Beim Internationalen Kongreß „Therapeutisches Reiten" 1982 in Hamburg habe ich in einem Referat meine Überlegungen zur Förderung geistig behinderter Schüler durch das Heilpädagogische Voltigieren einem internationalen Publikum vorgestellt.

Im weiteren Verlauf dieses Kongresses haben Astrid Lampe und ich den Einsatz des Pferdes bei geistig Behinderten durch praktische Demonstrationen dargestellt: Frau Lampe mit einer Gruppe von geistig Behinderten, ich mit einer integrativen Gruppe, bestehend aus geistig behinderten und nichtbehinderten Kindern und Jugendlichen. Mit dieser Vorstellung konnte ich die Möglichkeit des gemeinsamen Tuns Behinderter und Nichtbehinderter mit Hilfe des Pferdes aufzeigen.

Inzwischen wird Heilpädagogisches Voltigieren mit geistig Behinderten an vielen Orten praktiziert und auch gemeinsame Freizeitgestaltung mit Behinderten und Nichtbehinderten in einigen Reitervereinen durchgeführt.

Von großem persönlichen Wert für geistig Behinderte sind auch Veranstaltungen wie Reitertage und Reiterfeste. Hier haben sie die Möglichkeit, ihr Können auch anderen zu zeigen. An einigen Orten werden deshalb überregionale Behindertenreitertage veranstaltet, an denen immer sehr viele geistig Behinderte teilnehmen.

In den Jahren 1981 und 1983 fanden unter der Leitung von Trude Meuser die ersten Reitertage für geistig Behinderte im Reit-Therapie-Zentrum „Weisser Bogen" in Köln statt. Diese Reitertage waren besondere Erlebnisse für alle, die dabei waren. Im norddeutschen Raum hat das Landesbehinderten-Reiterfest in Lüneburg — durchgeführt vom Reiterverband Hannover-Bremen, der Lebenshilfe Lüneburg und dem Lüneburger Reiterverein „Rote Schleuse", unter der jetzigen Federführung von Klaus Schwieger — inzwischen zum 12. Male stattgefunden. Ebenfalls fanden und finden in Oldenburg/Old. bereits seit 1981 unter der bewährten Leitung von Anita Seidel und Gabriele von Kries regelmäßig Behinderten-Reiterfeste statt, hier ist der Veranstalter die Reit- und Fahrschule Oldenburg.

In meinem kurzen Rückblick über die Entwicklung des Heilpädagogischen Voltigierens/Reitens mit geistig Behinderten wird deutlich, daß unser Partner Pferd nicht nur eine weitere Möglichkeit der Förderung geistig Behinderter im motorischen, sozialen und kognitiven Bereich ist, sondern auch die Möglichkeit der Integration bietet und mitgeholfen hat, die Isolation vieler geistig behinderter Menschen zu überwinden.

Geistige Behinderung

Der Begriff „geistige Behinderung" wird bekanntlich von medizinischer, psychologischer, sozialwissenschaftlicher und sozialpädagogischer Seite jeweils unterschiedlich definiert, bzw. ausgelegt. Die Bundesvereinigung Lebenshilfe, eine

Vereinigung von Eltern und Freunden geistig behinderter Menschen, gibt auf die Frage nach der Bedeutung geistiger Behinderung folgende Antwort:
„Geistige Behinderung ist keine Krankheit. Es ist normal für Menschen, sich von-

einander zu unterscheiden, unterschiedliche Interessen und Fähigkeiten zu besitzen, manche Dinge besser oder schlechter zu können als andere.
Geistige Behinderung bezieht sich eher auf intellektuelle Bereiche, nicht aber auf sonstige Wesenszüge wie zum Beispiel die Fähigkeit, Freude zu empfinden oder sich wohlzufühlen. Geistig behinderte Menschen benötigen viel Hilfe und Unterstützung, um möglichst selbständig zu werden. Durch spezielle Förderung können viele geistig behinderte Menschen lernen, ein Leben zu führen, das ihren Bedürfnissen gerecht wird und dem von Menschen ohne Behinderung weitgehend gleicht." 1)

In der Bundesrepublik Deutschland leben nach Angabe der Lebenshilfe heute rund 375.000 Menschen mit einer geistigen Behinderung. Etwa alle 90 Minuten wird bei uns ein geistig behindertes Kind geboren. 2)

Zum Begriff „geistige Behinderung" sagt Otto Speck:
„Jeder Versuch, das Phänomen geistige Behinderung wissenschaftlich zu klären, stößt auf das Problem, daß generell nur Aussagen über den geistig behinderten Menschen möglich sind." 3)
Den geistig behinderten Menschen gibt es aber nicht, denn nicht alle Aussagen sind für alle gültig.
„So geläufig nun auch die Bezeichnung »Geistige Behinderung« inzwischen geworden ist, von einem bündig klaren Begriff, dessen Inhalt sich überprüfen (operationalisieren) läßt, kann keine Rede sein. Diese Unklarheit bezieht sich sowohl auf die Komplexität dessen, was alles an einem Menschen als »geistig behindert« zu gelten hat, als auch auf die stimmige Abgrenzung eines solchen Be-

fundes von einer anderen Behinderung oder einer Nichtbehinderung." 4)
Bei dem Versuch, den Begriff „geistige Behinderung" zu definieren und Menschen als „geistig behindert" zu beschreiben und zu bezeichnen, sollte immer bewußt sein, daß man damit niemals dem Wesen eines Menschen gerecht wird.

In meiner Darstellung kommen hauptsächlich die medizinisch-ärztlichen Aspekte geistiger Behinderung zur Aussage.

Ursachen und Auswirkungen

Der geistigen Behinderung liegen unterschiedliche ursächliche Bedingungen zugrunde.
Es lassen sich zwei große Gruppen von Ursachen für die Entstehung von geistiger Behinderung abgrenzen:

A. Chromosomenanomalien und genetisch bedingte Störungen
B. Erworbene (exogene) Ursachen

Eine solche Einteilung hat allerdings ihre Grenzen. Bei einer weiteren Gruppe, z.B. der erblichen Stoffwechselstörung, die allerdings sehr selten vorkommt, ist es so, daß die geistigen Anlagen eines so betroffenen Kindes zunächst völlig ungestört sind. Erst durch die biochemische Störung, die nicht mit der geistigen Behinderung identisch ist, kommt es zu Einwirkungen auf die Hirnsubstanz, die zur geistigen Behinderung führen.

Zu A:
Die bekanntesten angeborenen Behinderungsformen sind die Chromosomenanomalien, die in der Regel auf Mutatio-

nen beruhen. Daneben gibt es eine große Zahl von genetisch bedingten Störungen bei unverändertem Chromosomensatz, die häufig rezessiv vererbt sind.

Chromosomenaberrationen führen in vielen Fällen zur geistigen Behinderung unterschiedlichen Ausmaßes. Ein besonders bekanntes Beispiel hierfür ist der häufig vorkommende „Mongolismus", besser Langdon-Down-Syndrom, auch Trisomie 21 genannt. Trisomie 21 deshalb, weil hier ein Chromosom 21 überzählig sein kann oder das Autosomenpaar 21 zusammen bleibt anstatt sich zu trennen.

Mögliche Folgen einer Chromosomenanomalie, zum Beispiel beim Down-Syndrom:
— verspätete statomotorische Entwicklung (sitzen, stehen, gehen),
— verzögerte Sprachentwicklung,
— Sprachstörungen,
— häufig Sinnesbehinderungen (insbesondere Hörschäden und Sehstörungen),
— Neigung zu Infekten,
— häufig Herzfehler,
— geistiger Entwicklungsrückstand.

Das äußere Erscheinungsbild beim Down-Syndrom setze ich als bekannt voraus.
An besonders herausragenden Eigenschaften sind zu nennen:
— gutmütig-heitere, lebhafte Wesensart mit starkem Kontaktbedürfnis,
— Vorliebe für Rhythmik,
— gute Nachahmungsfähigkeit,
— gute Merkfähigkeit.
Diese Verhaltensweisen bilden sich in Wechselbeziehungen mit der Umwelt aus, daß heißt bei ungünstigen Umweltbedingungen treten sie nicht oder seltener auf.

Zu B:
In den meisten Fällen sind erworbene (exogene) Faktoren für eine geistige Behinderung ausschlaggebend. Nach zeitlichen Gesichtspunkten unterschieden, wird die geistige Behinderung durch äußere Schädigung des Gehirns vor, während oder nach der Geburt verursacht. Vorgeburtliche (pränatale) Risikofaktoren, die zu einer Hirnschädigung führen, können zum Beispiel Kreislaufstörungen, Infektionskrankheiten (zum Beispiel Röteln) und Alkohol- und Nikotinmißbrauch der Mutter während der Schwangerschaft sein.

Während der Geburt und in der Neugeborenenzeit (perinatal) sind vor allem Sauerstoffmangel bei langandauernder oder komplizierter Geburt und die Auswirkungen einer Blutgruppenunverträglichkeit (Rhesus- oder ABO-System) Verursacher für eine Hirnschädigung. Nach der Geburt (postnatal) kann zum Beispiel eine Encephalitis zur Hirnschädigung führen.

Mögliche Folgen bei exogenen Ursachen:
— Hörschäden, Hörbehinderungen,
— Sehstörungen,
— Krampfanfälle,
— statomotorischer Entwicklungsrückstand (sitzen, stehen, gehen),
— Bewegungsstörungen,
— Wahrnehmungs- und Verarbeitungsschwäche,
— Sprachstörungen, Sprachbehinderungen,
— intellektueller Rückstand,
— Merkfähigkeitsstörungen,
— Mangel an Eigenantrieb,
— Hyperaktivität.
Bei der Betrachtung der möglichen Folgen, sowohl bei den Chromosomen-

anomalien als auch bei den exogenen Ursachen, ist festzustellen, daß die geistige Behinderung häufig mit weiteren Behinderungen vergesellschaftet ist. So tritt geistige Behinderung fast immer in Verbindung mit Störungen der Sprachentwicklung, des Verhaltens, der Motorik und der Wahrnehmung auf. Neben der kognitiven Devianz sind spezifische senso-motorische und emotional-soziale Defizite beobachtbar. Dieses bedeutet, daß geistig Behinderte unter Mehrfachbehinderungen leiden. Diese Mehrfachbeeinträchtigungen bei vorliegender geistiger Behinderung stellen nicht die Ausnahme, sondern den Regelfall dar.

Das Heilpädagogische Voltigieren

Was heißt Voltigieren?

Als Voltigieren wird eine Sportart bezeichnet, bei der Kinder, Jugendliche und junge Erwachsene gymnastisch-turnerische Übungen an und auf einem galoppierenden Pferd ausführen. Das Pferd muß ganz bestimmte Voraussetzungen erfüllen, ehe es als Voltigierpferd eingesetzt werden kann.

Während sich das Voltigierpferd auf einem Zirkel von ungefähr 13 m Durchmesser links herum vorwärts bewegt, werden Voltigierübungen allein, zu zweit oder zu dritt ausgeführt.

Beim Gruppenvoltigieren ist immer eine Gruppe von Kindern und Jugendlichen beteiligt. Bei Einzel- und Partnerübungen bieten sich viele Übungsmöglichkeiten und -kombinationen. Diese Sportart kann nur mit Erfolg ausgeführt werden, wenn ein Zusammenwirken der Gruppe mit dem Pferd und dem Ausbilder, der das Pferd an der Longe führt, gegeben ist. Gruppe, Pferd und Ausbilder müssen aufeinander eingestellt sein. Je besser dieses Zusammenspiel ist, desto besser werden die sportlichen Übungen gelingen. Das Voltigieren verlangt von den Voltigierern ein ständiges Sich-Einfühlen und Anpassen an die Bewegungen und den Rhythmus des Pferdes. Bei Partnerübungen muß der einzelne Voltigierer auf den Partner eingehen und gleichzeitig seine Bewegungen auf die Bewegungen des Pferdes einstellen.

Beim Einzelvoltigieren dagegen haben Jugendliche ab 16 Jahren und junge Erwachsene die Möglichkeit, ihr sportliches Können als Einzelperson zum Ausdruck zu bringen. Auch das Einzelvoltigieren ist nicht möglich ohne das Zusammenwirken von Longenführer, Pferd und Einzelvoltigierer.

Voltigieren wird von vielen Reitervereinen als sinnvolle Freizeittätigkeit für Kinder, Jugendliche und junge Erwachsene und als Wettkampfsport mit festgelegten Wettkampf- und Wertungsvorschriften angeboten.

Abgrenzung Voltigieren – Heilpädagogisches Voltigieren

Der oberflächliche Beobachter wird zunächst keinen Unterschied zwischen dem Voltigieren als Freizeit- oder Wett-

Heilpädaogisches Voltigieren

kampfsport und dem Voltigieren als heilpädagogische Maßnahme feststellen. Sowohl beim Freizeit- und Wettkampfsport als auch beim Heilpädagogischen Voltigieren ist das Pferd Mittelpunkt, und es werden die gleichen gymnastisch-turnerischen Übungen an und auf dem an der Longe gehenden Pferd ausgeführt. Der Unterschied liegt hier in der unterschiedlichen Zielsetzung. Während beim Freizeit- und Wettkampfsport die sinnvolle Freizeitbeschäftigung und der sportliche Aspekt im Vordergrund stehen, geht es beim Heilpädagogischen Voltigieren um den Abbau unerwünschten Verhaltens und um die Entwicklung und Förderung senso-motorischer, emotional-sozialer und kognitiver Fähigkeiten.

Zielgruppen für das Heilpädagogische Voltigieren sind verhaltensauffällige, lernbehinderte und geistig behinderte Kinder und Jugendliche, aber auch Erwachsene, sowie psychisch kranke Menschen. Durch die fortwährenden Sinneseindrükke, Bewegungsangebote und Bewegungserfahrungen, sowie die ständigen Wechselwirkungen, die sich zwischen dem Kind / Jugendlichen / Erwachsenen, Pferd, Voltigierpädagogen, Partner und Gruppe ergeben, bieten sich viele Möglichkeiten des Lernens und der Verhaltensänderung an.

So lassen sich beim Heilpädagogischen Voltigieren zum Beispiel Vertrauen, Selbstwertgefühl, Konzentration, richtige Selbsteinschätzung, Frustrationstoleranz auf- und Ängste abbauen. Darüber hinaus werden kooperatives Verhalten und Verantwortungsbewußtsein gefördert und senso-motorische Fähigkeiten wie zum Beispiel Gleichgewicht und Körperbeherrschung entwickelt, stabilisiert und fortlaufend erweitert.

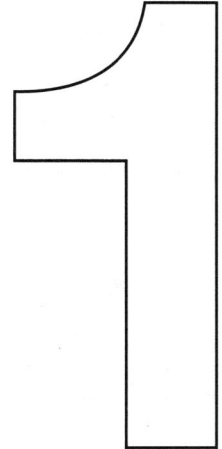

Ina Burgdorf

Heilpädagogisches Voltigieren im Sonderkindergarten

1

Allgemeine Vorbemerkungen

Die Zielgruppe, um die es hier gehen wird, setzt sich aus dreieinhalb- bis siebenjährigen Kindern zusammen, die geistige, verhaltensspezifische und sprachliche Defizite aufweisen. Hinzu kommen bei einigen Kindern Körperbehinderungen und motorische Auffälligkeiten, die jedoch einer Teilnahme am Heilpädagogischen Voltigieren nicht entgegenstehen.

Eine eindeutige Zuordnung der Kinder als 'geistig Behinderte' ist häufig nicht möglich. Anders als in der Schule bestehen im Kindergartenalter — zum Glück — noch keine rigiden Leistungsnormen, an deren Erfüllung oder Nichterfüllung eine solche Behinderung, sofern sie nicht medizinisch nachgewiesen ist (Hirnschädigung, Chromosomenveränderung, o.ä.), festzumachen wäre.

Bei den meisten Kindern im Sonderkindergarten liegt eine allgemeine Entwicklungsverzögerung vor, aus der im Schulalter eine geistige Behinderung werden kann, aber nicht zwangsläufig wird.

Diese Entwicklungsverzögerung und das daraus resultierende 'Anderssein' des Kindes kann Reaktionen im sozialen Umfeld hervorrufen, die seine sozial-emotionale Entwicklung beeinträchtigen. So kann es im direkten Umfeld des Kindes (Familie) zu Überbehütung, Überforderung aber auch zu unbewußter Ablehnung oder gar Verwahrlosung kommen. Bei manchen Kindern sind die Verhaltensauffälligkeiten, die aus einem solchen Fehlverhalten des sozialen Umfeldes entstehen, ein größeres Problem als die eigentliche Entwicklungsverzöge-

rung. Besonders hier gilt: Je früher eine Förderung einsetzt, desto bessere Bedingungen hat jedes Kind für seine weitere Entwicklung. Dabei ist ein hohes Maß an Sensibilität und Behutsamkeit erforderlich.

Bei der Dosierung unserer Anforderungen müssen wir darauf achten, daß negative soziale Erfahrungen der Kinder (zum Beispiel Überforderung) nicht verstärkt werden. Gerade im Kindergartenalter ist der Aufbau von Selbstsicherheit und Selbstvertrauen zunächst wichtiger als das Üben einzelner Fähigkeiten und Fertigkeiten.

Das Heilpädagogische Voltigieren kann wesentlich zu dieser Förderung beitragen; hier liegt dann auch die große Chance der Arbeit im Sonderkindergarten: Je früher eine Förderung einsetzt, desto größer sind auch die Erfolgsaussichten.

Der folgende Bericht stützt sich auf Erfahrungen, die ich während meiner Tätigkeit im Heilpädagogischen Zentrum der Lebenshilfe e.V. Burgdorf (HPZ) sammeln konnte. Das HPZ ist eine Einrichtung, in der geistig und mehrfach behinderte Kinder und Jugendliche sowohl im Sonderkindergarten, als auch in der Tagesbildungsstätte gefördert werden. Darüber hinaus wird in den Räumen des HPZ's eine Förderstufengruppe mit schwerst geistigbehinderten Erwachsenen betreut. All diese Gruppen nehmen regelmäßig am Heilpädagogischen Voltigieren teil, was durch nahezu ideale äußere Bedingungen ermöglicht wird.

Äußere Bedingungen – Beschreibung des Arbeitsfeldes

Angrenzend an das Gelände des HPZ befinden sich die Stallungen für die Therapiepferde/-ponys, ein Reit- und Longierplatz und eine Weide. Wenige hundert Meter weiter steht eine kleine Reithalle. Da diese Anlagen Eigentum der Lebenshilfe oder angepachtet (Weide, Reitplatz) sind, ist dadurch eine uneingeschränkte Nutzung möglich. Des weiteren stehen Pferde und Ponys unterschiedlicher Größe zur Verfügung, die zum Teil aus Spenden angeschafft werden konnten, zum Teil auch direkte Schenkungen waren.

Gerade das Vorhandensein unterschiedlich großer Pferde ist für die Arbeit im Sonderkindergarten von großem Vorteil, da es eine der jeweiligen Zielgruppe oder einem bestimmten Förderziel entsprechende Auswahl ermöglicht (mehr dazu im weiteren Verlauf).

Alle Mitarbeiter/innen des HPZ begleiten ihre Gruppen zum Voltigieren und sind im Sichern und Helfen unterwiesen, so daß auch ohne feste Zweitkraft eine Arbeit am Pferd möglich ist.

Erfreulicherweise steht jedoch häufig eine Zweitkraft zur Verfügung (zum Beispiel Praktikanten oder auch ABM), durch deren Mithilfe dann auch Einzel- und Kleingruppentermine angeboten werden können, um einzelne Kinder in Absprache mit den Gruppenleitern und/oder den Fachdiensten (Psychologin, Krankengymnasten, Sprachheilpädagogen) problemspezifisch fördern zu können.

Die Zusammenarbeit mit den Fachdiensten ist ein wichtiger und sehr hilfreicher Faktor in der Kindergartenarbeit, sie kann die Chancen der Kinder erheblich steigern. So wurden in den regelmäßig stattfindenden Fallbesprechungen immer wieder Kinder für die „Einzelförderung Reiten" empfohlen, um beispielsweise Berührungsängste abzubauen, Vertrauen aufzubauen oder auch motorische Auffälligkeiten, zum Beispiel Koordinationsprobleme auszugleichen.

Ziele und Inhalte des Heilpädagogischen Voltigierens im Sonderkindergarten

Das primäre Ziel des Heilpädagogischen Voltigierens ist die Förderung der Gruppenfähigkeit und die daraus resultierenden Möglichkeiten der sozialen Integration. Der Weg dorthin führt durch weitere Förderbereiche.

Die drei wichtigsten, ihre Ziele und mögliche Inhalte sollen hier genannt und erläutert werden:

1. Förderung im sozial-emotionalen Bereich

2. Förderung im sensomotorischen Bereich

3. Förderung im kognitiven Bereich

Das Zusammentreffen verschiedener spezifischer Faktoren läßt das Heilpädagogische Voltigieren gerade im Sonderkindergarten zu einer idealen Fördermaßnahme werden.

Die positive Wirkung von Tieren auf Kinder und der Motivationswert von Pferden sind ebenso bekannt, wie die Freude am Spiel und der Spaß an der Bewegung. In diesem Bereich macht es keinen Unterschied, ob es sich um nichtbehinderte, geistig behinderte oder entwicklungsverzögerte Kinder handelt.

Das Voltigieren bietet nahezu optimale Möglichkeiten, an diese Interessen der Kinder anzuknüpfen; Umgang mit dem Pferd, Bewegung an und auf dem Pferd, spielerische Übungsformen und das gemeinsame Agieren mit anderen Kindern. So werden den Kindern mit und durch den Partner Pferd Situationen angeboten, die ihren altersspezifischen Bedürfnissen entsprechen, gleichzeitig aber auch die oben genannten Bereiche fördern und somit die Gruppenfähigkeit der Kinder verbessern können.

Die Inhalte im Heilpädagogischen Voltigieren ähneln dann auch denen des Voltigierens als Freizeit- und Breitensport. Es sollte jedoch berücksichtigt werden, daß die Lernschritte in der Arbeit mit geistig Behinderten kleiner gewählt werden müssen. Um so größer können die relativen Lernerfolge sein. Wesentlich ist in diesem, wie in jedem anderen pädagogischen Arbeitsfeld auch, die Ausgewogenheit der Aufgaben und Anweisungen. Die Kinder müssen dort abgeholt werden, wo sie, kognitiv wie motorisch, stehen.

In der Praxis sieht es so aus, daß ich für die Arbeit im Sonderkindergarten gern Ponys einsetze. Sie sind gerade für kleine Kinder überschaubarer und weniger angstinduzierend als große Pferde, außerdem sind die Größenverhältnisse Kind-Pony günstiger.

Die weitverbreitete Meinung, daß Ponys zu bockig und unberechenbar seien, um sie in der Arbeit mit Kindern, zudem behinderten, einzusetzen, kann ich nicht bestätigen. Ich habe vom Shetlandpony bis zum Haflinger verschiedene Ponys im Einsatz gehabt und dabei nur gute Erfahrungen gemacht. Selbstverständlich eignet sich nicht jedes Pony für diese Arbeit, aber schließlich ist ja auch nicht jedes Großpferd im Voltigieren einsetzbar. Die Auswahl- und Eignungskriterien sind in jedem Fall zu erfüllen, und es ist durchaus möglich ein gut ausgebildetes Pony mit weichen Gängen zu bekommen.

Bevor ich nun dazu übergehe, Ziele und Inhalte am Beispiel zu erläutern, habe ich noch zwei Tips hinsichtlich des Zubehörs:

Erstens das Putzzeug — das übliche Putzzeug (Kardätschen, Striegel) ist für die kleinen Kinderhände oft zu groß. Hier sollte man entweder auf kleines Putzzeug für Kinder zurückgreifen (im Fachhandel erhältlich) oder sich mit Schuhputz- oder Nagelbürsten behelfen, welche einmal billiger sind und zudem von den Kindern oft besser festgehalten werden können.

Der zweite Tip bezieht sich auf den Gurt — die Griffe der heute gebräuchlichen Voltigiergurte (Turniergurte) sind ziemlich dick und besonders von kleinen Kindern schlecht zu umfassen. Ich habe hier mit der alten, eckigen Griffform gute Erfahrungen gemacht; sie ist von den Kindern gut zu greifen und gibt dem Zugriff eine gewisse Sicherheit und Stabilität, nicht zuletzt durch die begrenzende 'Ecke'. Hinzu kommt, daß dieser einfache Voltigiergurt bei der Arbeit mit Ponys zu empfehlen ist, weil er auch in kleinen Größen problemlos zu bekommen ist (Fachhandel, Versand).

Sozial-emotionaler Bereich — Ziele und Inhalte im Heilpädagogischen Voltigieren

Der sozial-emotionale Bereich nimmt eine zentrale Position in unserer Arbeit ein. Hier geht es sowohl um das soziale Verhalten des Kindes im Umgang mit Mensch und Tier als auch um die Gefühle und Ängste des Kindes, um den Umgang mit sich selbst.
Besonders im Sonderkindergarten kommt diesem Bereich eine hohe Bedeutung zu, weil die Ursachen für die Auffälligkeiten der „allgemein entwicklungsverzögerten" Kinder, also der Kinder ohne eindeutige Diagnose, in der Regel genau hier angesiedelt sind.

Diese Auffälligkeiten oder Defizite im sozial-emotionalen Bereich greifen wiederum in den motorischen und den kognitiven Bereich über: Ein besonders ängstliches Kind bewegt sich auch entsprechend verhalten und vorsichtig, ebenso ist es in angstinduzierenden Situationen in seiner Aufnahmefähigkeit und Konzentration eingeschränkt, weil das Gefühl der Angst schnell zum beherrschenden Faktor wird; ein kognitives Umsetzen von Anweisungen ist kaum noch möglich. Daß sich Emotionen auf soziales Verhalten und Agieren projizieren ist ebenso bekannt, wie die Tatsache, daß sich Erfahrungen im sozialen Bereich auf die Gefühle eines Kindes auswirken (mangelndes Vertrauen, Mißtrauen, Agressionen, etc.).

Ziel dieses Bereiches ist also das Verändern von Verhaltensmustern, der Abbau von Ängsten, Aufbau von Vertrauen und schließlich Selbstvertrauen und natürlich, sich daraus entwickelnd, die Förderung der Gruppenfähigkeit.

— Abbau von Ängsten

Zwei Schwerpunkte sollen hier erläutert werden:

a) die Angst vor der Situation, insbesondere vor dem Pferd, und

b) Berührungsängste im Umgang mit anderen Personen, Kindern.

zu a):
Anfangs muß das Kind Gelegenheit und Zeit haben, das Pferd zu beobachten. Dazu sollte aus bereits genannten Gründen vorzugsweise ein kleineres Tier (Pony oder Kleinpferd) eingesetzt werden. Der Voltigier- oder Reitpädagoge hat hierbei die Aufgabe, das Pferd „vorzustellen": „Das ist die Anabell. Seht einmal, was sie für flauschige Ohren (lange Mähne; weiches Fell; samtige Nase) hat". Danach folgt dann die Aufforderung an die Kinder: „Fühl doch 'mal, wie weich die Ohren sind (wie warm das Fell, der Rücken ist; wie das Pony warme Luft aus der Nase pustet)". Hierbei muß dem Kind immer wieder versichert werden, daß ihm nichts passiert, „weil das Pony ganz lieb ist" und man selbst schließlich daneben steht und aufpaßt. Die meisten Kinder werden relativ schnell die ersten Berührungsängste überwunden haben und das Tier streicheln (eventuell zunächst mit Handführung). Einige von ihnen werden sich selbst Mut zureden, indem sie mit dem Pony, mit sich selbst oder anderen Personen sprechen: „Lieb sein; nicht beißen — 'ne beiß, Pferd'; Anabell ist ganz lieb — guck' mal." Die Kinder, die dennoch skeptisch sind und sich noch nicht an das Tier heranwagen, sollte man zunächst gewähren und aus der von ihnen gewählten Sicherheitsentfernung beobachten lassen. Der Voltigierpädagoge muß diese

Kinder im weiteren Verlauf genau beobachten, um zu erkennen, welche Ursachen sich hinter diesem Verhalten verbergen. Ich nehme solche Kinder gern einzeln mit zum Stall, um sie bei der Fütterung helfen zu lassen oder ihnen einfach nur die Möglichkeit zu geben, die Tiere in Ruhe zu beobachten, zu sehen, wie selbstverständlich die Mitarbeiter, andere Kinder oder ich selbst mit den Pferden umgehen.

In vielen Fällen stellt sich dann heraus, daß die Angst vor dem Tier gar nicht so groß ist, sondern die vielen Eindrücke, die anderen Kinder oder die konkrete Aufforderung, etwas mit dem Pony zu tun, Ursache für die Verweigerung waren.

zu b):

Eine weitere, häufige Erscheinungsform von Angst sind Berührungsängste innerhalb der Gruppe. Diese Ängste äußern sich sowohl in aggressivem als auch in defensivem, scheinbar indifferentem Verhalten. Die Kinder wehren Berührungen durch andere vehement ab, oder lassen sie gar nicht erst zu, indem sie eine ausreichende räumliche Distanz zu den anderen halten.

Mit dem gezielten Abbau dieser Ängste kann erst dann begonnen werden, wenn die Angst vor dem Pferd überwunden ist, da nunmehr Übungen an und auf dem Pferd notwendig werden.

Es bieten sich hier Partnerübungen an, die anfangs im Stand, später im Schritt ausgeführt werden: zu zweit sitzen, wobei sich der Hintermann am Vordermann festhält (Positionswechsel vornehmen lassen!), das Pferd streicheln — den Partner streicheln, nach vorn beugen, so daß der Vordermann das Pferd umarmt — der Hintermann den Vordermann umarmt (bei mutigen Kindern die Übung in der Rückenlage, dann aber in jedem Fall absichern!), etc.. Anschließend kommen verbale Aufträge dazu: „Du mußt gut auf K. aufpassen, halte ihn schön fest, damit er nicht fällt", „Lehn' Dich ein wenig zurück, damit L. vorn auch richtig sitzen kann", „Nimm' einmal A.'s Hand, und zeige ihr, wo sie sie anfassen soll".

Hier wird auch schon deutlich, wie eng die Förderbereiche beieinander liegen und ineinandergreifen; letztendlich zielen alle Übungen auf die Förderung der Gruppenfähigkeit ab.

Der nächste Schritt ist nun die Vertiefung und Festigung des Vertrauens untereinander und zu sich selbst.

In dieser Phase lasse ich die Kinder gern eine Übung machen, bei denen ein Kind vom Boden aus einem anderen Kind, das bäuchlings auf dem Pony liegt, hilft, indem es mit „absichert". Diese Übung bietet sich besonders an, wenn körperlich behinderte Kinder in der Gruppe sind, die auf diesem Weg auch bei der Arbeit mit dem Pferd am Gruppengeschehen teilhaben können. Diese Übung kann jedoch nur dann sinnvoll und verantwortungsbewußt eingesetzt werden, wenn ein Pony zur Verfügung steht (also die Proportionen Kind — Tier stimmen) und ein Helfer zwecks Absicherung zur Verfügung steht, der neben dem Pony hergeht und das liegende Kind festhält; das „sichernde" Kind geht auf der anderen Seite.

Das bekannte und bewährte gegenseitige Helfen beim Aufsteigen ist im Kindergartenbereich wenig effektiv: Die Kinder sind in Größe, Kraft und Gewicht noch sehr verschieden, so daß sie es rein körperlich oft nicht leisten können, ein anderes Kind auf das Pony zu schieben, geschweige denn zu heben.

Bei einem größeren Tier ist diese Form des Helfens schon gar nicht möglich, da die Proportionen nicht stimmen.

Die verschiedenen Formen des gegenseitigen Helfens greifen dann auch schon in den nächsten Zielbereich: Aufbau von Vertrauen und Selbstvertrauen.

— Aufbau von Vertrauen/Selbstvertrauen

Sind die ersten Ängste überwunden, ist es dem Kind möglich, das Pony/Pferd als Partner und Freund näher kennenzulernen. Das angstfreie Agieren mit dem Tier läßt es zu, daß ein Vertrauensverhältnis aufgebaut und gefestigt werden kann. Auch hier gibt es eine Anzahl von Anbahnungshilfen und unterstützenden Übungen. Unter dem Aspekt: „Wenn Du lieb zu dem Pferd bist, ist es auch lieb zu Dir!", werden die Kinder immer wieder dazu angehalten, das Pferd als empfindsames Wesen zu akzeptieren. In der Praxis hat es sich als sinnvoll erwiesen, anstatt „Pferd" oder „Pony" immer den Namen des Tieres zu nennen; die dadurch herbeigeführte Personifizierung erleichtert den Kindern diese Akzeptierung. So beginnen die Fördereinheiten grundsätzlich mit der Begrüßung des Pferdes/Ponys durch Halsklopfen, Streicheln oder sogar Umarmen (Hals) des Tieres.

Muß man anfangs noch fragen: „Hast Du dem Smoky schon guten Tag gesagt?", so begrüßen die Kinder „ihr" Pony schon sehr bald ohne Aufforderung, oder doch zumindest nach einem kleinen Denkanstoß: „Was mußt Du zuerst machen?". Anschließend folgt immer das gemeinsame Putzen, wobei man darauf achten sollte, daß nicht mehr als zwei bis drei Kinder gleichzeitig putzen; so hat jedes Kind genügend Platz (ein Pony ist nicht besonders lang), es kommt jeder zu seinem Recht und es entstehen keine unnötigen Reibereien.

Auf diese Weise behält der Pädagoge den Überblick, was bei unserer Zielgruppe aufgrund des Bewegungsdrangs der Kinder nicht immer ganz einfach ist. Hinzu kommt, daß selbst das ausgeglichenste Therapiepferd das „Gewusele" von sechs bis acht kleinen Kindern in seiner unmittelbaren Nähe auf die Dauer nur schwer erträgt und wir die ohnehin schon hohe psychische Belastung, der unsere Tiere ausgesetzt sind, nicht unnötig verstärken sollten.

Gute Therapiepferde sind zu wertvoll, als das man sie über Gebühr strapazieren sollte und somit Gefahr läuft, sie „sauer" zu machen.

Wenn die vorbereitenden Arbeiten erledigt sind und das Pony in die Reitbahn geführt werden soll, kann auch diese Aufgabe, unter Aufsicht und Anleitung, von einem der Kinder übernommen werden. Hier wird dann auch der enge Zusammenhang zwischen 'Festigung von Vertrauen' und 'Aufbau von Selbstvertrauen' deutlich; das Kind ist stolz, allein das Pony führen zu können, sein Selbstwertgefühl entwickelt sich, es muß jedoch auch das notwendige Vertrauen zum Tier haben, um der Aufgabe überhaupt gewachsen zu sein.

Das Zusammenspiel dieser beiden Bereiche zieht sich nun durch alle Übungen und wirkt sich nach und nach positiv auf die sozialen Interaktionen innerhalb der Gruppe aus.

Die folgenden Übungsinhalte betreffen folglich auch schon einmal mehr als nur einen Förderbereich, und es wird sich zeigen, daß die verschiedenen Übungen bereichsübergreifend einsetzbar sind.

Angesichts der Intention, die hinter der Arbeit im Heilpädagogischen Voltigieren steht, nämlich die Förderung der Selbstkompetenz und die daraus entstehenden Möglichkeiten der sozialen Integration, ergibt sich dieser Umstand von selbst; der sozial-emotionale Aspekt der Förderung muß entsprechend der Zielsetzung dominieren. So kann die Auswahl des hier beschriebenen Inhaltes auch nur Beispielcharakter haben.

Übungsvorschläge:

Das Kind sitzt auf dem Pony und soll sich nach vorn beugen „Nimm den Smoky in den Arm (Hab den Smoky 'mal lieb)!" Das Kind soll sich auf den Rücken legen. Hierbei ist zu beachten, daß die Bewegung nach hinten, in den 'leeren Raum', grundsätzlich zunächst unangenehm ist, unter Umständen angstinduzierend. Daher ist es wichtig, das Kind anfangs beidseitig durch Hand-/Armfassung abzusichern und die Rückwärtsbewegung zu unterstützen.

HILFESTELLUNG: Der linke vom Pony stehende Helfer stützt dabei mit dem rechten Unterarm den Rücken und mit der rechten Hand den Kopf des Kindes, bis es rücklings auf dem Pony liegt. Im weiteren Verlauf wird die Übung abgesichert, indem beide Helfer rechts bzw. links an Schulter und Hüfte des Kindes stabilisierend unterstützen.
Mit zunehmender Sicherheit kann einer der beiden Helfer (vorzugsweise der links vom Pony stehende) durch ein Kind der Gruppe ersetzt werden. Aufgrund der Größenverhältnisse Kind-Pony ist diese Übung unproblematisch, zumal der mitsichernde Erwachsene das Kind auf dem Ponyrücken im Notfall durchaus allein halten kann.

Eine ähnliche Übung ist der 'nasse Sack':

das Kind liegt bäuchlings quer auf (über) dem Ponyrücken, sein Kopf weist nach links (Zirkelmitte).

HILFESTELLUNG: Es wird wiederum zunächst beidseitig abgesichert, indem die Helfer Oberarme/Schultern und Oberschenkel halten und so die Lage des Kindes stabilisieren. Später kann ebenfalls ein Kind zum Helfen herangezogen werden, diesmal zum Halten der Oberarme; auf diese Weise können sich die Kinder gegenseitig ansehen und der Erwachsene hat die Möglichkeit, das Kind bei Gefahr zu sich herüber und somit auf die Füße zu ziehen.

Eine weitere sehr schöne Übung ist das rückwärtige Liegen auf dem Bauch (Kopf zur Kruppe). Das Kind läßt hierbei Arme und Beine nach unten 'baumeln' und legt eine Wange auf die Kruppe des Ponys (absichern wie bei der Rückenlage). Diese Lage ist sehr stabil, der Körper rutscht nicht hin und her, und das Kind kann die Wärme und die Weichheit des Ponys unmittelbar spüren. Die meisten Kinder sind hierbei sehr bald in der Lage, die Augen zu schließen und über einen längeren Zeitraum geschlossen zu halten. Die Aufforderung „Nun mach die Augen zu und schlaf ein wenig!" kann sehr schön untermalt werden, indem der Voltigierpädagoge Schnarchgeräusche macht oder das Klingeln eines Weckers imitiert, wenn das Kind die Augen wieder öffnen soll. Die Kinder haben bei dieser Übung großen Spaß und wollen im Anschluß daran die „Rutsche" machen.

Zur „Rutsche" stellt sich der Pädagoge hinter das Pony, faßt das rückwärts/bäuchlings auf dem Ponyrücken liegende Kind unter den Achseln und zieht es vom Pony herunter. Ganz mutige und motorisch sehr sichere Kinder versuchen aus dem Liegen ins Knien zu kommen, um einen Purzelbaum vom Pony herunter zu machen.

HILFESTELLUNG: Gesichert wird die Übung, indem zwei Helfer das Kind rechts und links im Oberarmgriff fassen, mitdrehen und halten, bis das Kind auf dem Boden steht.

Zur Steigerung des Vertrauens zum Pony und zu den eigenen Fähigkeiten sollte man auch jede Gelegenheit nutzen, die Kinder das Tier führen zu lassen. Besonders viel Spaß haben die Kinder hierbei, wenn man einen kleinen Slalom aufbaut (Hindernisständer/-stangen) oder Stangen auf die Erde legt, über welche das Pony geführt werden soll.

Es gibt bestimmt noch eine große Anzahl weiterer Übungen zu diesem Förderbereich und der Phantasie des jeweiligen Voltigierpädagogen ist dabei nur die Gewährleistung der Sicherheit als Grenze gesetzt. Die Ausgewogenheit der Übungen und das zielgruppengemäße Niveau der Anforderungen verstehen sich dabei von selbst.

— Förderung der Gruppenfähigkeit

Der dritte und letzte Förderschwerpunkt im sozial-emotionalen Bereich betrifft die Förderung der Gruppenfähigkeit. Da es sich hierbei um das Schwerpunktziel unserer Arbeit handelt, zieht sich dieses Ziel als roter Faden durch alle hier genannten Bereiche; die folgenden möglichen Inhalte sind folglich wiederum in andere Förderbereiche übertragbar.

Übungsvorschläge:

Zunächst seien hier alle beschriebenen Formen des gegenseitigen Helfens und Haltens genannt, wobei nun die Erkenntnis der Notwendigkeit des Helfens zum Ziel wird: „Du mußt K. gut festhalten, damit sie nicht fällt!", „Du brauchst keine Angst zu haben, P. hält Dich gut fest!". Anfangs sollte man hierbei bereits bestehende gute Kontakte und Freundschaften zwischen den Kindern nutzen und sie entsprechend gruppieren. Später geht der Voltigierpädagoge dazu über, die Zusammensetzung dieser Gruppe zu variieren, um eine echte Gruppeninteraktion zu entwickeln, bei der jeder dem anderen hilft. Auf diesem Weg wird es dann ermöglicht, bestehende Aversionen der Kinder untereinander aufzubrechen; auf dem Ponyrücken sind diese Kinder aufeinander angewiesen und lernen so, miteinander auszukommen.

Das Festlegen einer bestimmten Reihenfolge ist eine weitere Möglichkeit, die Kinder an eine gewisse Rücksichtnahme den anderen gegenüber zu gewöhnen; sie müssen warten, bis sie an der Reihe sind und werden gleichzeitig dazu angehalten, das Gruppengeschehen aufmerksam zu verfolgen, indem sie immer wieder gefragt werden: „Wer kommt als Nächster an die Reihe?". Der Pädagoge muß jedoch darauf achten, diese Reihenfolge immer wieder umzustellen, so daß jedes Kind einmal als erstes auf das Pony darf; auch Kinder im Sonderkindergarten entwickeln ein Gespür für Gerechtigkeit und das Gefühl, ungerecht behandelt worden zu sein, kann mühsam erzielte Entwicklungsfortschritte innerhalb kürzester Zeit zerstören. Das entwickelte Vertrauen, besonders zum Voltigierpädagogen, wäre gestört, und es würde viel Zeit und Geduld kosten, die verlorene Basis wieder herzustellen.

Gemeinsame Spiele an und auf dem Pony sind prädestiniert zur Förderung der Gruppenfähigkeit. Die Kinder können zum Beispiel 'Reitlehrer' spielen, wobei ein Kind dem anderen Anweisungen gibt, die es bereits kennengelernt hat: „Nimm die Anabell in den Arm!", „Streichele den Smoky am Hals!", usw., wobei der jeweilige 'Reitlehrer' immer wieder dazu angehalten wird, seinen 'Schüler' zu loben, zu korrigieren oder ihm zu helfen (zum Beispiel durch Handführung). Auch hierbei muß der Voltigierpädagoge darauf achten, daß die Rollen gewechselt werden und jeder einmal 'Reitlehrer' sein darf.

Weiterhin bieten sich natürlich alle möglichen Spielformen an, bei denen alle Kinder in das Geschehen eingebunden sind. Ein Beispiel ist das Anreichen oder sogar Zuwerfen eines Balles:

Hierbei sitzt eines der Kinder auf dem Pony, die anderen bilden entlang der Zirkellinie einen Kreis. Das Kind auf dem Pony gibt den Ball in irgendeiner (ihm möglichen) Form an eines der Kinder am Boden weiter und bekommt ihn sofort zurück, um das nächste Kind an der Zirkellinie 'anzuspielen'. Nach einer Runde (vorzugsweise im Schritt) wird gewechselt, und ein anderes Kind darf auf das Pony. Es ist sinnvoll, die Ballwechsel, wenigstens zu Anfang, im Stand durchführen zu lassen, damit die Kinder den Ball kontrolliert übergeben können.

Zum Schluß möchte ich noch eine Spielform erwähnen, die mit unterschiedlichen Schwerpunkten in allen Förderbereichen einsetzbar ist und einen recht hohen Anspruch an Aufmerksamkeit, Konzentration und kognitive Fähigkeiten der Kinder

stellt: Das Nachahmen von Bewegungen auf dem Ponyrücken. Das erste Kind darf eine Übung vormachen, wobei diese Übung durchaus selbst erfunden sein darf. Das nächste Kind bekommt dann die Aufgabe, diese Übung genau zu imitieren und anschließend selbst etwas zu zeigen, was dann wiederum vom dritten Kind nachvollzogen werden soll. Der Kreis schließt sich, indem das erste Kind die Übung des letzten Kindes imitiert. Mit zunehmender Sicherheit gehen immer mehr Kinder dazu über, eigene Übungen zu kreieren und sie haben großen Spaß dabei.

Sensomotorischer Bereich – Ziele und Inhalte

In diesem Kapitel soll es nicht darum gehen, aus auffälligen oder/und behinderten Kindern athletische Sportler zu machen. Unser Anliegen muß es vielmehr sein, den Kindern ein gewisses Maß an Körperbewußtsein zu vermitteln, ihnen zu helfen, sich selbst wahrnehmen zu können.

Die wesentlichen Zielgebiete hierbei sind Gleichgewichts- und Koordinationsschulung. Durch gezielte Übungen in diesen Bereichen wird es möglich, motorische Auffälligkeiten und Defizite abzubauen, insbesondere wenn Übungen mit der Intention der Förderung im sozial-emotionalen Bereich gleichermaßen eingesetzt werden, zumal viele motorische Auffälligkeiten hier ihren Ursprung haben. Es ist naheliegend, sich die Flexibilität der Inhalte bezüglich der Förderbereiche zunutze zu machen, und die Übungen auch im sensomotorischen Bereich unter dem Aspekt der Interaktion zu wählen.

— Gleichgewichtsschulung

Der Bereich der Gleichgewichtsschulung läßt sich zum einen durch viele der bekannten Voltigierübungen abdecken (sowohl Pflicht-, als auch Kürübungen), zum anderen ist auch hier wieder die Phantasie des Voltigierpädagogen gefordert; die bekannten Elemente können variiert werden, es können neue Bewegungssituationen geschaffen werden und neue, 'erfundene' Übungen können hinzukommen. Ich möchte im folgenden zunächst einige Möglichkeiten vorstellen, die nicht im direkten Zusammenhang mit den reglementierten Voltigierübungen stehen. Anschließend werden einige der bekannten Übungen folgen, welche jedoch vorzugsweise in untypischen Bewegungssituationen durchgeführt werden. Hierbei steht der spielerische Aspekt im Vordergrund, die Inhalte ähneln denen einer Voltigier-Spiel- oder Minigruppe, wie wir sie in immer mehr Vereinen finden können.

Ich ziehe gerade im Bereich der Gleichgewichtsschulung die Arbeit am Führzügel der Longenarbeit vor. Der Einsatz des Führzügels hat mehrere Vorzüge: Häufige Richtungswechsel, enge Wendungen, Ausnutzung des Geländes (Bodenerhebungen, schiefe Ebenen), das Übertreten von Stangen, kurz Situationen, die auf dem Ponyrücken ausbalanciert werden müssen, lassen sich am Führzügel schneller und unproblematischer als an der Longe arrangieren.

Des weiteren können mehrere Kinder gleichzeitig beschäftigt werden, indem sie einander helfen ('absichern', Pony führen), wobei wiederum das 'Wir-Gefühl' und somit die Gruppenfähigkeit gefördert wird. Ein weiterer Vorteil des Führzügels ist für mich die Nähe zum Kind; ich lasse die Kinder häufig auf dem blanken Pony-

rücken (ohne Gurt) reiten, wobei sie sich in der dichten Mähne des Tieres festhalten, und kann durch besagte Nähe jederzeit helfend eingreifen, wenn einer der kleinen Reiter ins Rutschen kommt. Dieses 'Reiten ohne Sattel' hat zwei entscheidende Vorteile: zum einen können die Kinder das Pony 'pur' erleben und erfühlen, zum anderen habe ich die Erfahrung gemacht, daß die Kinder sich instinktiv besser festhalten, besonders mit den Beinen, und auf Unbalancen schneller reagieren, als sie es mit Gurt täten. Einschränkend sei jedoch gesagt, daß sich diese Erfahrungen auf die Arbeit mit Ponys beziehen; auf dem Rücken eines Pferdes wird das Halten mit den Beinen schon wegen der starken Spreizung nicht möglich sein. Auch in diesem Punkt kommt also die bessere Proportionalität von Ponys zum Tragen.

Übungsvorschläge:

Sitzen im Schritt auf dem blanken Ponyrücken

Sitzen (wie oben) im Schritt, wobei sich das Kind nur mit einer Hand festhält: „Streichel' die Anabell 'mal am Hals (am Bauch, auf dem Rücken, der Kruppe)".

Freihändiges Sitzen im Schritt: „Wink' den anderen Kindern einmal zu! Kannst du auch mit beiden Händen winken?" Ebenso kann man das Kind in die Hände klatschen lassen oder ihm ein Bonbon zum Auswickeln in die Hand geben.

Freihändiges Sitzen im Schritt, dabei die Augen schließen (diese Übung sollte erst dann durchgeführt werden, wenn das Vertrauen des Kindes zu Pony und Voltigierpädagogen gefestigt ist; ebenso soll-

1

te bei allen Übungen verfahren werden, die eine Rückwärts-Abwärts-Bewegung oder/und das Schließen der Augen beinhalten).

Alle Übungen mit Handgerät (Ball, Stofftier, Ringe) eignen sich für die Gleichgewichtsschulung ebenso, wie das Hantieren mit Kleidungsstücken (Mütze, Schal, Jacke). Dabei ist jedoch zu beachten, daß diese komplexeren Bewegungsabläufe gleichermaßen koordinative und zum Teil auch kognitive Anforderungen an die Kinder stellen. Vertrauen und ein relativ sicherer Sitz werden hierbei vorausgesetzt. Des weiteren lasse ich diese Übungen mit Voltigiergurt durchführen; die Kinder finden an den Griffen eher einen festen Halt, wenn sie ins Rutschen kommen und fühlen sich sicherer. Angebote dieser Art führe ich auf einem möglichst großen Zirkel durch.

Die eingangs erwähnten Voltigierübungen lasse ich nach einer kurzen Gewöhnungsphase auf der linken Hand häufig auf der rechten Hand turnen, um den Kindern das deutliche Empfinden, das Ausbalancieren zu vermitteln (die meisten Kinder sind in diesem Alter auf 'Rechtshänder' festgelegt und empfinden das Ungleichgewicht bei Übungen auf der rechten Hand deutlicher als auf der linken). Grundsitz, Knien, Fahne mit wechselndem Bein (meistens ohne Handlösen), Prinzenstand und die einzelnen Phasen der Mühle eignen sich für diesen Förderbereich. Die komplette Fahne mit Arm- und Beinstreckung ist für die meisten Kinder zu schwierig und zu komplex in der Anforderung, zumal wenn sie in der Bewegung geturnt werden soll.
Abschließend möchte ich zu diesem Punkt darauf hinweisen, daß es sich anbietet, häufiger die Hand zu wechseln und an der Longe auf der rechten Hand zu arbeiten: die Kinder werden dadurch beidseitig gefordert und gefördert, einseitig extrem schwache Kinder können je nach Schwerpunkt rechts oder links gefördert werden (sinnvollerweise in Absprache mit Krankengymnasten oder Bewegungstherapeuten), und schließlich kommen diese Handwechsel natürlich unseren Therapiepferden zugute.

— Koordinationsschulung

Die Koordination der Gliedmaßen und Körperteile und die daraus entstehende Bewegungskoordination stehen in engem Zusammenhang mit dem Gleichgewichtsempfinden, zielen jedoch auch in den kognitiven Bereich, da sie relativ komplexe Anforderungen an unsere Zielgruppe stellen. So ist es dann auch ratsam, die schwerpunktmäßige Koordinationsschulung erst anzusetzen, wenn das Vertrauen und die Sicherheit im Umgang mit dem Pferd/Pony es zulassen. Außerdem müssen wir wissen, wie weit unsere Zielgruppe im kognitiven Bereich ist. Begriffe wie: 'hinten', 'vorn', 'oben', 'unten' sind nicht immer einzuordnen, von 'rechts' und 'links' ganz zu schweigen. Wir müssen uns also Hilfspunkte suchen: dort, wo der Kopf sitzt, ist vorn, dort, wo der Schwanz (der Begriff 'Schweif' ist für die Kinder zu abstrakt) ist, ist hinten; die Hand, welche zum Pädagogen zeigt, ist innen, die Hand, welche zu den anderen Kindern (die Gruppe) zeigt, ist außen; usw.. Diese und andere Umschreibungen müssen in kindgemäße Aufforderungen und Fragen 'verpackt' werden. Sind solche grundlegenden Aspekte geklärt, gibt es eine Vielzahl von Einzel- und Partnerübungen, um Körperkoordination zu schulen und somit dazu beizutragen, motorische Auffälligkeiten zu reduzieren oder sogar vollständig abzubauen.

Übungsvorschläge:

Auch hier ist es sinnvoll, mit Übungen im Sitz zu beginnen. Variationen des Grundsitzes: „Zeig einmal mit einer Hand zu Smokys Kopf. Mit der anderen Hand zeig doch 'mal seine Kruppe!" (hier verwende ich anfangs das Wort 'Po', damit sich die Kinder besser orientieren können), wobei es passieren kann, daß die Körperteile nacheinander gezeigt werden und eine Hand am Griff bleibt. In diesem Fall muß das Kind erneut aufgefordert werden, „versuch doch einmal, ob du beide Arme gleichzeitig wegstrecken kannst!" Ebenso kann man 'oben' (Himmel/Hallendecke) und 'unten' (Füße/Boden) zeigen lassen. Schon einfache Aufgaben dieser Art, Bewegungen in konträre Richtungen, fordern das Koordinationsvermögen und schulen es gleichermaßen.

Eine schöne Übung ist auch folgende: Das Kind sitzt auf dem Pony und bekommt die Anweisung, beispielsweise mit der rechten Hand über den Kopf hinweg an das linke Ohr zu fassen (und umgekehrt). Die Kinder haben Spaß an der Übung, so simpel sie auch scheinen mag.

Auch im Bereich der Koordinationsschulung bieten sich Partnerübungen an. Die Kinder lernen dabei, eigene Bewegungen auf die des Partners abzustimmen. So erhält zum Beispiel das vorne sitzende Kind den Auftrag, einen Arm zu heben. Der dahintersitzende Partner soll nun den entgegengesetzten Arm nach oben strecken. Ist diese Übung gefestigt, fassen sich die Kinder dabei an den Händen. Mit zunehmender Sicherheit bekommen die Kinder die Anweisung zum Wechseln der Hände, wobei dieser Wechsel immer häufiger und in rascher Folge vollzogen werden soll (also gesteigert wird).

Ebenso kann man mit Handgeräten arbeiten und diese von vorn nach hinten (rw. über Kopf) und wieder zurückführen lassen. Natürlich kann der altbewährte Ball dabei zum Einsatz kommen, wobei sich weiche Bälle (zum Beispiel Softbälle) besonders gut eignen. Auch gut zu greifende Spielzeuge (Puppen ...), Kekstüten, Kleidungsstücke (Mützen) und sogar Teile des Putzzeuges, etwa die Wurzelbürste, eignen sich zum Weiterreichen. Einmal mehr ist die Phantasie des Voltigierpädagogen gefordert.

Die komplette Fahne (Arm und Bein) eignet sich für diesen Bereich natürlich auch, ebenso wie die Mühle und verschiedene Partnerübungen (Sitzen/Knien, doppelt Grundsitz, Sitzen/Prinzenstand), bei denen auf ein Kommando hin die Hände gleichzeitig gelöst werden sollen. Diese Übungen setzen jedoch eine gewisse Sicherheit und Erfahrung der Kinder auf dem Pferderücken voraus.

Am Ende dieses Kapitels möchte ich noch einige Punkte anmerken, die mir aufgrund meiner Erfahrungen wichtig sind: Da ist zunächst der spielerische Aspekt, unter dem die Übungsauswahl getroffen wurde. Die Kinder sind in der Entwicklungsphase, in der Spielen in jeder Form wichtig und interessant für sie ist. Es liegt also nahe, sich dieses Bedürfnis zunutze zu machen. Angesichts motorischer Fertigkeiten, ebenso wie der vorhandenen kognitiven Fähigkeiten unserer Zielgruppe (Letztere sollen im folgenden Kapitel noch angesprochen werden), ist es wenig sinnvoll, mit den genormten Voltigierübungen zu arbeiten. Langfristig gesehen sind diese Übungen sicherlich in das Übungsrepertoire integrierbar, und es werden immer wieder Kinder dabei sein, die auch zu sportlichen Leistungen im Voltigieren in der Lage sind.

Im Sonderkindergarten befinden wir uns jedoch ganz am Anfang der Arbeit mit dem Pferd und von daher müssen wir zunächst einmal die Grundlagen schaffen. Nicht die turnerische Leistungsfähigkeit steht im Mittelpunkt unserer Arbeit, sondern vielmehr das Heranführen der Kinder an das Pferd/Pony, der Aufbau von Vertrauen und das Vermitteln einer gewissen Sicherheit im Umgang mit dem Tier. Darüber hinaus wollen wir unsere Kinder heilpädagogisch fördern, ihnen helfen, entwicklungs- und/oder behinderungsbedingte Defizite so weit wie möglich aufzuholen oder doch zumindest auszugleichen.

Hier ist dann auch die Begründung für die häufige Schrittarbeit: Ein großer Teil unserer Kinder hat ohnehin schon Schwierigkeiten, die Anweisungen umzusetzen; soll das dann auch noch im Trab oder im Galopp geschehen, sind diese Kinder überfordert und mühsam erarbeitete Lernfortschritte brechen innerhalb kürzester Zeit in sich zusammen. Das soll natürlich nicht bedeuten, daß ich die anderen Gangarten nicht nutze; es gibt genügend Bereiche, in denen die Galopparbeit, aber auch der Trab in Takt und Tempo bestens geeignet sind.

Ich lasse die Kinder gern selbst entscheiden, ob sie 'schneller reiten' möchten. Wenn sie es dann wollen, lasse ich sie je nachdem, wie sicher sie auf dem Pony sind auch Übungen machen. Die meisten Kinder sind dabei in der Lage, wenigstens eine Hand zu lösen und der Gruppe zuzuwinken.

Kognitiver Bereich – Ziele und Inhalte

Die Überlappung der einzelnen Förderbereiche ist bereits mehrfach angesprochen worden; im kognitiven Bereich wird das besonders deutlich, denn jegliche Fördermaßnahme beinhaltet das Verstehen und Umsetzen von Anweisungen. Sollen nun spezielle kognitive Fähigkeiten ausgebildet werden, wird das Pferd dabei quasi 'Mittel zum Zweck'; der Spaß am 'Reiten' und das damit einhergehende Interesse der Kinder ermöglichen eine Lernsituation, die nicht als solche empfunden wird. Einige der möglichen Lernziele möchte ich im Folgenden auflisten.

Benennen

Das Benennen aller möglichen Dinge rund ums Pferd fordert und fördert die kognitiven Fähigkeiten. Die Kinder sind am Lerngegenstand interessiert und lernen entsprechend bereitwillig und, gemäß ihren individuellen Möglichkeiten, relativ schnell. Sie wissen sehr bald, was die Mähne ist, daß der Fuß des Pferdes 'Huf' heißt oder der Po 'Kruppe'. Ebenso sind sie bald in der Lage, kleine Aufträge auszuführen und auf die Aufforderung „Hole mir doch bitte die Peitsche (den Hufkratzer, die Bürste, o.ä.);" auch wirklich das Gewünschte zu bringen.

Transferfähigkeit

Gemeint ist die Fähigkeit, Erlerntes auf verschiedene Situationen zu übertragen. So ist die Erkenntnis, daß die eigenen Beine zwar anders aussehen, als die des Ponys und darüber hinaus nur zwei statt vier sind, aber dennoch den gleichen Zweck erfüllen und die gleiche Bezeichnung haben, eine Transferleistung. Entsprechend lauten in diesem Bereich auch die Aufgabenstellungen: „Zeige mir einmal Smokys Ohren! Hast Du denn auch Ohren? Wo sind sie denn?" oder, etwas schwieriger, „Wieviel Beine hat denn der Smoky? Zeig' sie einmal! – Und wo sind Deine Beine? Hast Du auch vier?" Die entrüstete Antwort „Nee, ich hab' doch bloß zwei!" ist dann auch wieder die positive Rückmeldung 'Lernziel erfüllt'. Ähnliche Aufgaben können bezüglich verschiedener Körperteile gestellt werden, wobei häufiges Üben den Lernerfolg festigt.

Ein 'Nebenprodukt' dieser Übungen ist das Zählen. Die Kinder zählen die jeweiligen Körperteile ab (zum Teil mit Hilfe des Pädagogen), wobei sie zumindest bis vier kommen. Ich erlebe es dabei immer wieder, daß einzelne Kinder Spaß am zählen haben; diese lasse ich dann auch weiter zählen, indem sie beispielsweise ihre Beine und die des Ponys zusammenzählen und vielleicht noch die Hände dazurechnen. So zählen einige von ihnen bis zehn und weiter, was sicherlich kein Primärziel unserer Arbeit ist, aber dennoch ein schöner Lernerfolg, solange der Impuls vom Kind ausgeht.

Raumorientierung

Wie schon erwähnt, haben viele unserer Kinder Probleme mit Begriffen wie 'oben', 'unten', 'hinten', 'vorn', usw.. Die 'Hilfspunkte', welche im Bereich der motorischen Förderung aufgezeigt wurden, erhalten nun eine weitere Bedeutung: Die Kinder lernen mittels dieser Punkte die räumlichen Bezeichnungen kennen und anwenden. Unter der Zielsetzung 'Raumorientierung' wird nun die Frage gestellt „Wo hat denn der Smoky seinen Kopf?", eventuell unterstützt durch die Alternativfrage „Hinten oder vorn?". Der Voltigierpädagoge muß hierbei darauf achten, die Reihenfolge der Alternativen zu variieren, da viele Kinder dazu neigen, grundsätzlich die letztgenannte Alternative zu wählen. Die Begründung hierfür liegt darin, daß aufgrund der retardierten Aufnahmefähigkeit unserer Kinder oft nur die letzten Worte des Pädagogen 'hängenbleiben'. Hier wird dann auch einmal mehr die Notwendigkeit kurzer und deutlicher Anweisungen erkennbar.

Es ist unbedingt notwendig, immer wieder die Ziele und Inhalte der verschiedenen Förderbereiche zu reflektieren, entsprechend der Zielgruppe zu dosieren und Anweisungen so kurz und deutlich wie möglich zu halten. Abwechslungsreichtum und Flexibilität sind zwei wichtige Aspekte unserer Arbeit und die Motivation der Kinder ist eines unserer besten Hilfsmittel.

Sichern und Helfen im Heilpädagogischen Voltigieren

Am Ende meiner Ausführungen möchte ich einen Bereich anreißen, der mir sehr wichtig ist: Sichern und Helfen. So selbstverständlich dieser Bereich ist – seine Bedeutung muß immer wieder betont werden.

Nicht jeder kann unter ähnlich guten Bedingungen arbeiten wie den hier beschriebenen. Dennoch sollte sich jeder Pädagoge im Heilpädagogischen Voltigieren einige Dinge zur Auflage machen, ohne die ein verantwortungsbewußtes Arbeiten nicht möglich ist. Das betrifft sowohl das Helfen und Sichern am Pferd als auch Dinge wie Aus- und Weiterbildung von Voltigierpädagogen und Helfern, Eignung und Ausbildung der(s) Pferde(s), äußere Gegebenheiten.

Voraussetzungen für eine verantwortungsbewußte Arbeit

Ich habe es immer wieder erlebt, daß die Begeisterung angesichts der Möglichkeiten, welche das Heilpädagogische Voltigieren bietet, dazu verleitet hat 'erst einmal anzufangen'.

Nur leider macht sich kaum jemand dabei Gedanken über die Befähigung und Eignung der Person, die letztendlich die Verantwortung übernehmen soll. Oft ist diese Person jemand, der 'schon einmal geritten ist', bestenfalls aktiv reitet. Ob sie an der Longe autorisiert ist, also das Handwerkszeug beherrscht, interessiert dabei selten.

Das Heilpädagogische Voltigieren ist aber nur dann verantwortungsbewußt zu realisieren, wenn ein ausgebildeter Longenführer und wenigstens ein, besser noch zwei Helfer zur Verfügung stehen. Diese müssen entsprechend angeleitet werden. Für den Fall, daß körperlich beeinträchtige Kinder auf dem Pferd sind, muß von zwei Seiten gesichert werden. In diesem Fall sollte man auch immer das Gespräch mit der/den Krankengymnastin(innen) suchen.

Was das Therapiepferd betrifft, so ist es sehr günstig, wenn man im Sonderkindergarten mit einem Pony oder Kleinpferd arbeiten kann. Oft ist es jedoch so, daß ein Förderangebot 'Heilpädagogisches Voltigieren' im Reitverein durchgeführt wird, wobei ein vereinseigenes Voltigierpferd zur Verfügung steht. In diesem Fall sollte sich der Voltigierpädagoge bereits im Vorfeld mit dem Tier vertraut machen, um unliebsamen Überraschungen

vorzubeugen. Zudem muß das Größenverhältnis Kind — Pferd berücksichtigt werden; es ist unproportional, denn selbst Voltigierpferde im Freizeit- und Breitensport sind selten kleiner als ca. 1,60 Stockmaß. Die Phasen 'Angstabbau' und 'Vertrauensaufbau' bekommen hier eine andere Gewichtung.

Absichern — Tips für die Praxis

Während der Vorbereitung des Pferdes (Putzen, Trense, Gurten) sollten die Kinder seitlich am Pferd agieren, niemals dahinter. Das Pferd sieht nicht, was hinter ihm geschieht, tritt einen Schritt zurück oder erschreckt sich; steht in einem solchen Moment ein Kind hinter dem Pferd, kommt es zu Unfällen, deren physische und auch psychische Folgen gravierend sein können.

Weiterhin ist es sinnvoll, immer dort, wo Kinder am Pferd hantieren, eine Aufsichtsperson zu postieren, um ein rasches Eingreifen in problematischen Situationen zu gewährleisten.

Während der Arbeit am Pferd (Führen, 'Reitlehrer spielen') kann das Kind an der linken Seite des Pferdes gehen und dieses mit einem Führstrick führen, während der Voltigierpädagoge rechts des Pferdes mit einem zweiten Strick sichert. Diese Form der Sicherung ist besonders schön, weil das Kind das Pferd quasi allein führt und der Pädagoge nur dann eingreift, wenn sich eine riskante Situation anbahnt.

Eine weitere Möglichkeit ist das Sichern am Kind. Der Voltigierpädagoge geht hierbei links vom Kind und faßt das untere Ende des Führstrickes, während das Kind das dem Pferd zugewandte Ende des Strickes in der Hand hält. Diese Variante bietet sich bei ängstlichen Kindern an, zumal die Möglichkeit besteht, daß Pädagoge und Kind die Positionen tauschen. Auf diesem Weg wird letztendlich jedes Kind das Pferd führen können und somit ein wenig Selbstbewußtsein 'tanken'.

Während der Arbeit auf dem Pferd betrifft das Absichern insbesondere motorisch gestörte, schwache Kinder und Kinder mit körperlichen Defiziten. Hierbei kann bei Sitzübungen einmal durch das Mitgehen eines Helfers am Pferd (linke Hand — links mitgehen/rechte Hand — rechts mitgehen) gesichert werden. Das Kind wird an der Hüfte und am Oberschenkel, kurz oberhalb des Knies, gestützt und stabilisiert. Eine andere Möglichkeit ist das Sichern vom Pferd aus; hierbei sitzt ein Helfer hinter dem Kind auf dem Pferderücken und hält es fest oder fixiert es durch seinen eigenen Sitz.
Sollen Übungen im Liegen durchgeführt werden, so sollte nach Möglichkeit immer beidseitig des Pferdes abgesichert werden. Die Helfer unterstützen dabei mit einer Hand an der Schulter und mit der anderen an der Hüfte des Kindes. Beim Absichern an der Hüfte empfiehlt sich der 'Hosenbundgriff': Man faßt in den Hosenbund und dreht den Stoff ein, so daß man einen recht stabilen 'Haltegriff' hat.
Kommt trotz aller Sicherungsmaßnahmen ein Kind ins Rutschen, muß der Helfer darauf achten, daß möglichst wenig dabei geschieht. Das bedeutet, daß er das Kind zu sich hinzieht und im Notfall einen etwaigen Sturz mit seinem eigenen Körper abfängt.

Selbstverständlich sind diese, wie auch alle anderen Vorschläge meines Erfahrungsberichtes nicht zwingend auf den Sonderkindergarten festgelegt. Es ist durchaus möglich und auch sinnvoll, verschiedene Aspekte auch bei anderen Zielgruppen, insbesondere bei älteren Erwachsenen, in Erwägung zu ziehen.

Wilhelm Kaune

Heilpädagogisches Voltigieren mit geistig

behinderten Schülern

Erfahrungen aus der Praxis

Die in dieser Arbeit vorgestellten Überlegungen über die Förderung geistig behinderter Schüler durch das Heilpädagogische Voltigieren beruhen auf eigenen Erfahrungen in der Heilpädagogischen Tagesbildungsstätte, einer schulischen Einrichtung der Lebenshilfe Gifhorn, und Berichten von Kollegen aus anderen schulischen Einrichtungen für geistig Behinderte.

In Gifhorn führen wir inzwischen seit 17 Jahren Heilpädagogisches Voltigieren mit Schülern im Alter von 6 bis 20 Jahren durch. Es ist Bestandteil des Stundenplanes. Jede Klasse erhält 120 Minuten Unterrichtszeit in der Woche. Diese Übungseinheit umfaßt die Vorbereitung des Pferdes, die Übungen an und auf dem Pferd, sowie Aufgaben nach dem Voltigieren.

Beim Heilpädagogischen Voltigieren gehen wir davon aus, daß der geistig Behinderte sensomotorische Erfahrungen im aktiven Umgang mit seinem Körper, an und auf dem Pferd, mit seinem Partner und mit anderen Dingen und Personen erwirbt. Gleichzeitig verbinden sich sensorisches, motorisches, emotionales, soziales und kognitives Lernen miteinander.

So konnten wir bei unseren Schülern in erhöhtem Maße Spaß am aktiven Tun mit dem Pferd und die Überwindung von Angst beobachten. Die Überwindung von Angst und die Erfahrung, etwas zu können, ließ sie sicherer und selbstbewußter werden. Es zeigte sich eine deutliche Steigerung des Bewegungsvermögens. Sie lernten, ihre Körperbewegungen zu steuern und sie zielgerichtet und angemessen auf die Bewegungen des Pferdes und/oder des Partners einzustellen. Einige von ihnen wurden durch das Pferd so stark motiviert und ihr Selbstvertrauen ist so weit gestärkt worden, daß sie inzwischen Mitglied in einem Reiterverein sind und dort zusammen mit nichtbehinderten Schülern voltigieren und reiten.

Der geistig behinderte Schüler

Zum Personenkreis

Als geistig behinderter Schüler wird der Schüler angesehen, der aufgrund einer Störung vorwiegend im kognitiven Bereich den Lernanforderungen der Sonderschule für Lernbehinderte nicht gewachsen ist. Die „Empfehlungen für den Unterricht in der Schule für Geistigbehinderte" (Kultusministerkonferenzbeschluß vom 9.2.1979) sagen hierzu:

„Die Schule für Geistigbehinderte ist eingerichtet für Schüler, deren Lernverhalten und Entwicklungsstand erheblich unter der altersgemäßen Erwartungsnorm liegen, so daß sie in der Schule für Lernbehinderte nicht oder nicht hinreichend gefördert werden können." 5)
Bei dieser Klassifizierung – geistig behinderter Schüler – sollte deutlich sein, daß

für eine solche Feststellung eine Normsetzung durch die Gesellschaft, hier vertreten durch die Forderungen der einzelnen Schularten, das alleinige Maß abgibt.

Vom Erscheinungsbild und den Verhaltensweisen her sind geistig behinderte Schüler auffällig durch:
— Störung in der Aufnahme, Verarbeitung und Wiedergabe von Sinnesreizen,
— Beeinträchtigung der Grob- und/oder Feinmotorik,
— Schwierigkeiten in der sprachlichen und nichtsprachlichen Kommunikation,
— Besonderheiten im Ausdrucksverhalten (besonders bei schwer geistig behinderten Schülern, zum Beispiel starke Passivität, zwanghafte Bewegungsunruhe, ungerichtete stereotype Bewegungen),
— verstärktes Auftreten von Angst,
— Beeinträchtigung der Reaktionszeit (verlangsamte Reaktion),
— kognitive Verarbeitungsschwäche.

Das Zusammenwirken dieser Gegebenheiten führt zur Beeinträchtigung des Lernens und der sozialen Eingliederung des behinderten Menschen in die Gesellschaft.

Zur Erziehbarkeit und Bildbarkeit

In der Bundesrepublik Deutschland galten geistig Behinderte lange Zeit als erziehungs- und bildungsunfähig. Es wurde ein ganz bestimmter Bildungsbegriff zugrunde gelegt, ein Bildungsbegriff, der sich an den Bildungsangeboten der damaligen Volksschule orientierte. Schüler, die den Anforderungen dieser Volksschule nicht genügen konnten, wurden in die sogenannte Hilfsschule überwiesen (heute: Sonderschule für Lernbehinderte).

Schulpflichtige Kinder und Jugendliche, die aber auch diese Bildungsangebote nicht aufnehmen, verarbeiten und wiedergeben konnten, galten als geistig behindert und somit auch als bildungsunfähig. Sie wurden deshalb nach den damaligen Schulgesetzen der einzelnen Bundesländer von der Schulpflicht befreit oder als „bildungsunfähig" ausgeschult. Das Urteil „bildungsunfähig" war für das betroffene Kind von außerordentlicher Tragweite. Ihm wurde das Erziehungs- und Bildungsrecht abgesprochen und jegliche Förderung verweigert.

Erst durch das engagierte Bemühen von Eltern und Fachleuten der Lebenshilfe für geistig Behinderte konnte das Recht auf schulische Erziehung gegen das Vorurteil angeblicher „Bildungsunfähigkeit" durchgesetzt werden. In einer Denkschrift machte die Lebenshilfe 1960 auf die Not geistig behinderter Kinder im Schulalter aufmerksam.

In den siebziger Jahren ist der Erziehungs- und Bildungsanspruch der geistig behinderten Schüler dann endlich verwirklicht worden.

Im Beschluß der Kultusminister der Bundesrepublik Deutschland vom 9.2.1979 heißt es:

„Grundsätzlich ist jeder Geistigbehinderte unabhängig von Art und Schwere seiner Behinderung in pädagogische Fördermaßnahmen einzubeziehen. Den jeweiligen Lerngegebenheiten ist bei der Planung und Gestaltung der Fördermaßnahmen Rechnung zu tragen." 6)

Die Feststellung einer unteren Grenze der Bildungsfähigkeit ist demnach nicht zulässig. Eine weitere schulorganisatorische Abgrenzung nach unten entfällt somit.

Im Vergleich zu anderen Schülern sind geistig behinderte Schüler in ihren intellektuellen Leistungen verlangsamt oder begrenzt. Diese unterdurchschnittlichen Intelligenzleistungen sind immer in enger Verbindung mit sensorischen, motorischen, emotionalen, sozialen und kognitiven Entwicklungsverläufen des Einzelnen zu sehen.

Unter Umständen können einzelne Schüler überdurchschnittliche spezielle Lernergebnisse aufweisen oder aber besonders starke Ausfälle in Teilbereichen zeigen.

Was bei geistig behinderten Schülern früher zum Urteil „bildungsunfähig" führte, war eher eine Resignation der Pädagogen und keinerlei Bereitschaft und Interesse des öffentlichen Schulwesens, Verantwortung für geistig behinderte Kinder und Jugendliche zu übernehmen. Die Folge war, daß auch keine fachlichen Voraussetzungen für sie geschaffen wurden.

Für die Pädagogik der geistig behinderten Schüler gilt heute, die vorhandenen Möglichkeiten zu nutzen.

Die lerntheoretischen Regeln und Gesetzmäßigkeiten gelten auch für die Pädagogik der geistig behinderten Schüler. Daraus ergibt sich, daß der Status „geistig behindert" durch Anwendung sonderpädagogischer Methoden tendenziell aufhebbar, mit Sicherheit aber in Richtung einer Verbesserung der Sozialisationsmöglichkeiten veränderbar ist.

Methodisch-didaktische Konsequenzen

Die Aufnahme von Sinnesreizen, die Verarbeitung dieser Informationen sowie die Umsetzung in Bewegung bilden als sensorischer, kognitiver und motorischer Funktionskreis ein Regelsystem. Dieses bedeutet, daß jede Veränderung des einen Bereichs zu einer Rückkoppelung und darauffolgende Veränderung in den anderen Bereichen des Funktionsmodells führt.

Der Regelkreis verläuft von der Sensorik zur Motorik oder von der Motorik zur Sensorik über das zentrale Nervensystem, wobei die Umwelt als Sinnesreiz und Handlungsangebot fungiert. Die kognitiven Funktionen können sich dabei nur weiterentwickeln, wenn die Fähigkeit zur Wahrnehmung der Umweltreize und zum motorischen Handeln in der Umwelt entwickelt sind (sensomotorische Intelligenz).

Dem entwicklungspsychologischen Konzept Piagets zufolge bilden die motorischen und perzeptuellen Fähigkeiten den „sensomotorischen Unterbau", der als eine Grundlage aller kognitiven Fähigkeiten anzusehen ist. Die Pädagogik geistig behinderter Schüler muß demnach davon bestimmt sein, die Persönlichkeitsentwicklung unter dem Aspekt sensomotorischer Reifungs- und Lernprozesse zu sehen. Erst mit der Stabilisierung der „elementaren Intelligenz" auf der Stufe der „sensomotorischen Intelligenz" kann eine Weiterentwicklung zugunsten höherer Organisationsformen der Erkenntnis einsetzen, denn auch diese höheren Organisationsformen der Erkenntnis werden im handelnden Umgang mit der Umwelt erworben. Alle Lern- und Denkprozesse, die der kognitiven Förderung geistig behinderter Schüler dienen sollen, müssen anschauend-vollziehend und in der Erweiterung ihres sensomotorischen Repertoires begründet sein. Nur durch das Angebot von Reizen im sensomotorischen Bereich kann eine kognitive Weiterentwicklung und Beein-

Funktionsmodell:

Wechselwirkung von Wahrnehmung und Motorik (Sensomotorik) als Grundlage jedes kognitiven, sozialen und emotionalen Lernens.

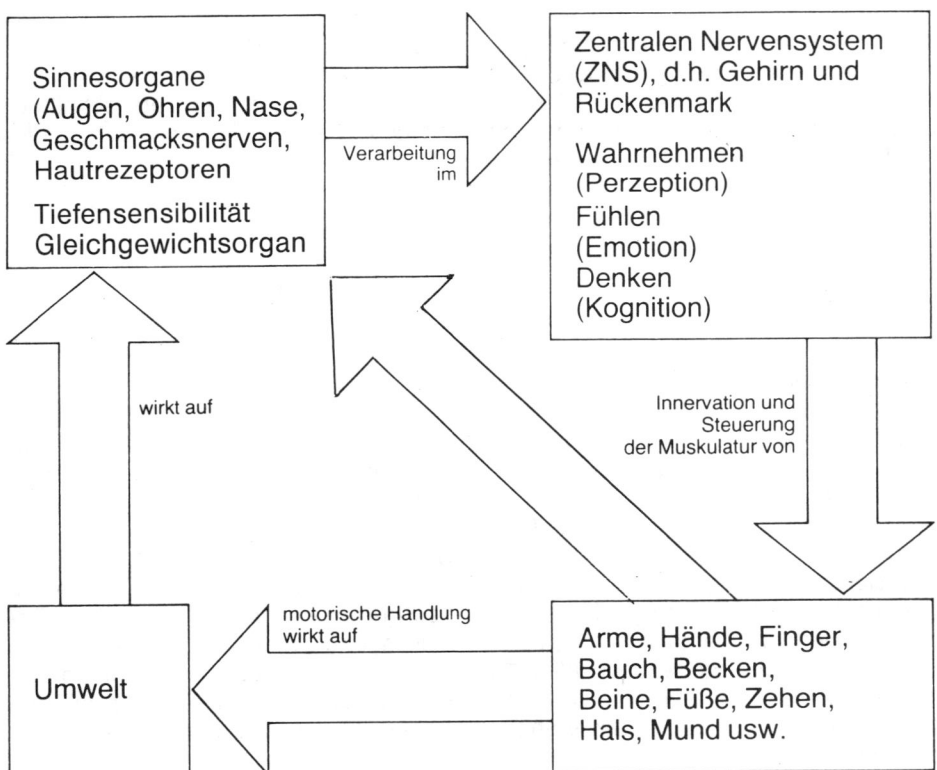

flussung im emotional-sozialen Bereich erfolgen.

Das Wissen um diese Grundlagen bedingt ein Abrücken von der bisher vorwiegend auf kognitive Lernziele ausgerichteten Pädagogik und initiiert das „sensomotorische Lernen" als Schwerpunkt.

Das sensomotorische Lernen begründet und erweitert die elementaren Voraussetzungen für die Handlungsfähigkeit des Schülers.

Um zum Beispiel die Verkehrserziehung durchführen zu können, müssen sensomotorische Grundlagen vorhanden sein, wie rechts-links, rot-grün unterscheiden, Entfernungen und Geschwindigkeiten schätzen, Raumorientierung usw..

Auf der Grundlage und mit den Methoden sensomotorischen Lernens muß die Entwicklung und die Umsetzung von Lehrplänen für geistig behinderte Schüler erfolgen, die von bestimmten Lernbereichen ausgehen. Diese Lehrpläne müssen für jeden Lernbereich (zum Beispiel Raumlageorientierung, Gleichgewichtsbeherrschung, visuelle Wahrnehmung, Sprache, Lernbereitschaft usw.) in sich hierarchisch gegliederte Lernziele umfassen.

Diese lernzielorientierte Unterrichtsplanung und -durchführung ermöglicht ein Erkennen und Fortschreiben von Lernfortschritten. Auch eine Abgrenzung nach oben wird dadurch vermieden, das

heißt eine Beschränkung des Lernangebotes für geistig behinderte Schüler ist nicht gerechtfertigt.

Lernfortschritte sind zur Feststellung der Wirksamkeit des Unterrichts und als Grundlage zur weiteren Planung zu überprüfen. Auch dem Schüler ist dadurch die Möglichkeit gegeben, den Lernerfolg zu erfahren und seine Lernbereitschaft bestätigt zu sehen.

Das Voltigieren als heilpädagogische Maßnahme

Zielvorstellungen

Das Heilpädagogische Voltigieren erfüllt seinen Zweck nur dann, wenn es als Bestandteil der Gesamtförderung der geistig behinderten Menschen durchgeführt wird. Denn das Ziel besteht ja nicht im sportlichen Leistungsvergleich — auch wenn es in der höheren Differenzierung einen fließenden Übergang zum Voltigieren als Sport und Freizeitbeschäftigung gibt. Das Ziel ist vielmehr, durch die vielfältigen Erfahrungen beim Voltigieren zur Entwicklung der Persönlichkeit des Schülers beizutragen, das bedeutet: dem Schüler zu helfen, seine Wahrnehmungs- und Bewegungsfähigkeit sowie seine Gedächtnis- und Denkleistung zu verbessern, emotional stabiler zu werden, kooperatives Sozialverhalten zu erlernen.

Im Konzept unserer Heilpädagogischen Tagesbildungsstätte unterscheiden wir die drei Bereiche: Basistraining, lebenspraktische Erziehung (Erziehung zur Selbständigkeit), Wissensvermittlung. Das sensomotorische Basistraining stellt

das Fundament zur Erweiterung des kognitiven und emotional-sozialen Repertoires dar.

Das Heilpädagogische Voltigieren ist neben der senso- und psychomotorischen Übungsbehandlung, dem Trampolinspringen, dem heilpädagogischen Gestalten und Werken, dem elementaren Musizieren und dem Schwimmen Bestandteil des Basistrainings, das heißt der Förderung der Wahrnehmungs- und Bewegungsfähigkeit.

Dieses Training bewirkt zwangsläufig eine fortlaufende Stabilisierung und Erweiterung des sensomotorischen Repertoires, das für die weitere Entwicklung der Persönlichkeit des geistig Behinderten von entscheidender Bedeutung ist.

Theoretische Grundlage für dieses Konzept bei geistig behinderten Schülern ist das entwicklungspsychologische Konzept Piagets, die Entwicklung der „sensomotorischen Intelligenz". Nach Piagets Theorie sind sensomotorische Erfahrungen das Fundament, auf dem weitere Entwicklungen aufbauen.

Beim Heilpädagogischen Voltigieren erwirbt der geistig behinderte Schüler sensomotorische Erfahrungen im aktiven Umgang mit seinem Körper am und auf dem Pferd, mit seinem Partner und mit anderen Objekten und Personen. Er bewegt sich zum, am und auf dem Pferd, allein oder mit einem oder zwei Partnern. Mit zunehmender Erfahrung werden immer komplexere und umfassendere Handlungen beim Voltigieren möglich. Dieses bedeutet eine fortlaufende Stabilisierung und Erweiterung des sensomoto-

rischen Repertoires. Dieser Aspekt ist für den weiteren Verlauf der kognitiven Entwicklung und auch der emotional-sozialen Entwicklung von fundamentaler Bedeutung. Sozio-kulturell bedingte Entwicklungsreize, zum Beispiel Sprach-, Lese- und Schreibangebote, können erst dann verarbeitet werden, wenn die dafür erforderliche Stufe der Intelligenzentwicklung erreicht ist.

Beim Heilpädagogischen Voltigieren verbinden sich sensorisches, motorisches, emotionales, soziales und kognitives Lernen eng miteinander. Das Heilpädagogische Voltigieren provoziert den geistig

Ineinandergreifen von sozialen Prozessen und sensomotorischen, kognitiven und emotionalen Abläufen beim einzelnen Schüler bei einfachen Voltigierübungen

Wahrnehmung der Eigenbewegungen und der Bewegungen des Pferdes – **Tast- und Bewegungsempfindungen, Sehen** Wahrnehmung der Anweisungen – **Hören, Sprachverständnis**	**Gefühle,** zum Beispiel Ängste; **Gedanken,** zum Beispiel sprachliche Anweisungen an sich selbst (»inneres Sprechen«)	**Gefühle:** Stolz auf die eigene Leistung, die Überwindung der Ängste, die Anerkennung; **Gedanken** (inneres Aussprechen der Gefühle), zum Beispiel: »Das habe ich gut gemacht. Nächstes Mal versuche ich es wieder«.
↑	↓ ↗	↑
Bewegungen und andere Lebensäußerungen des Pferdes (zum Beispiel Schnauben); **Sprachliche Anweisungen** des Voltigierpädagogen	Durchführung der Übung durch **eigene Bewegungen;** dabei immer von neuem Herstellen seines **Gleichgewichts**	**Anerkennung** durch den Lehrer und die Gruppe

behinderten Schüler zum Lernen in diesen Bereichen und baut bereits vorhandene Fähigkeiten weiter aus.

In jeder Übung findet ein fortwährender Austausch zwischen Sinneseindruck und Bewegungsantwort statt. Durch ständige sensorische Rückmeldung werden die Bewegungsimpulse der jeweiligen Situation angepaßt. In den Beziehungen zwischen Schüler, Pferd, Voltigierpädagoge, Helfer, Partner und Schülergruppe ergeben sich durch die ständigen Wechselwirkungen viele Möglichkeiten des emotional-sozialen Lernens. Wahrnehmungsmängel, motorische Disfunktion, kognitive Erfahrungsdefizite und kommunikative Störungen werden abgebaut.

Entwicklung und Förderung beginnen schon zu Anfang der heilpädagogischen Maßnahme.

Geistig behinderte Schüler, die mit dem Heilpädagogischen Voltigieren anfangen, erleben und erfahren eine neue Umwelt. Sie wollen die Pferde, den Stall, die Reithalle, die Weide und vieles mehr kennenlernen. Die größte Anziehungskraft übt das Pferd selber aus. Die Freude, beim Pferd zu sein, es zu streicheln oder zu putzen, mit ihm etwas zu erleben, auf

Das Pferd „Samson" läßt sich berühren, anfassen und streicheln.

seinem Rücken zu sitzen und getragen zu werden, steht zunächst im Vordergrund. Erst später kommt der Wunsch, verschiedene Übungen auf dem Pferderücken auszuführen, hinzu.

Das weiche Fell und die Körperwärme des Pferdes sind ganz besondere Erlebnisse für den geistig behinderten Schüler. Die Kontaktaufnahme mit dem Pferd erfordert so etwas wie Mut, sich Einlassen mit etwas Neuem. Das Pferd gestattet die Kontaktaufnahme weitgehend, es ist relativ tolerant der menschlichen Annäherung und Einwirkung gegenüber. Es gestattet dem geistig behinderten Schüler in der Regel mehr an Einwirkung, als Menschen und manch anderes Tier es zulassen. Es läßt sich berühren, anfassen, streicheln, putzen, führen, man kann sich anschmiegen, und es ist bereit, den Schüler zu tragen. Viele Wünsche und Bedürfnisse werden dem geistig behinderten Schüler erfüllt. Im Kontakt mit dem Pferd macht er grundlegende Erfahrungen, er erlebt, daß dieses Lebewesen auf ihn eingeht, sich ihm anschließt und anpaßt, ihm vertraut.

Der Schüler kann sich viele Empfindungen des Angenehmen, des Warmen und des Kontaktes verschaffen.

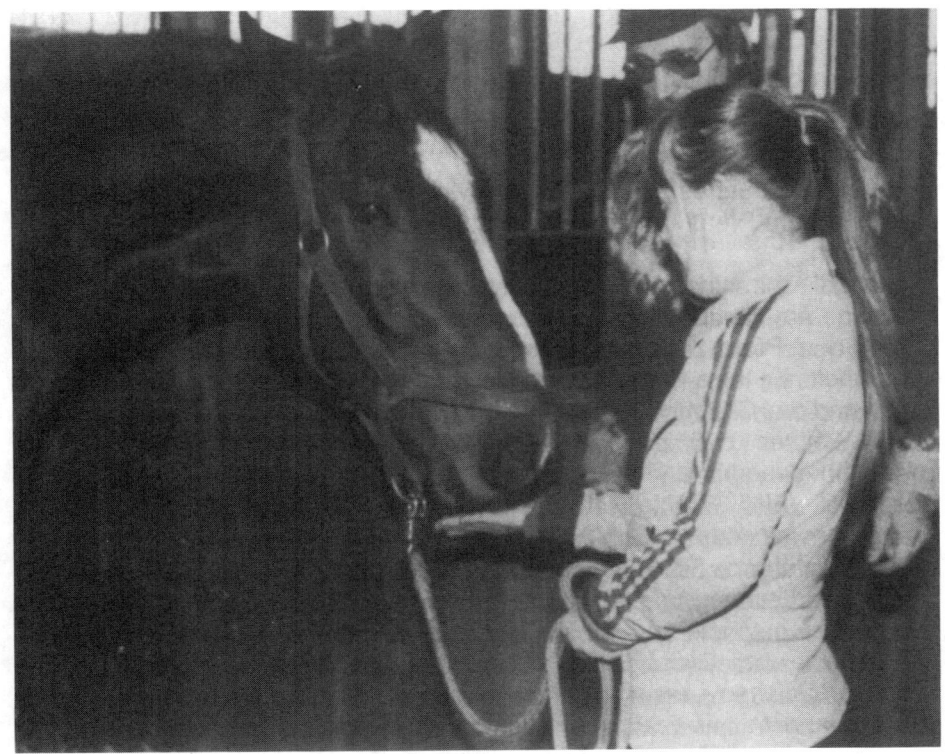

Die Schülerin lernt von Anfang an den richtigen Umgang mit dem Pferd.

Die Kontaktaufnahme und die Erfüllung von Wünschen verlangen aber auch ein entsprechendes Verhalten dem Pferd gegenüber.

Der Voltigierpädagoge hat in dieser Eingewöhnungszeit die wichtige Funktion des Vermittlers zwischen Schüler und Pferd zu übernehmen. Er erklärt dem Schüler, was das Pferd gerne hat, was es nicht mag. Er gibt Erklärungen zum Artverhalten des Pferdes, daß es zum Beispiel schnelle Bewegungen, lautes Rufen, jede Art von Lärm als Gefahr empfindet und mit Durchgehen versucht zu entfliehen. Er zeigt dem Schüler von Anfang an den richtigen Umgang mit dem Pferd. Der Schüler soll lernen, wie er in den Pferdestall gehen muß, wie ein Pferd zu führen ist und wie es gepflegt wird. Der Schüler soll wissen, daß er ein Pferd ansprechen muß, wenn er sich von hinten nähert. Er soll erfahren, daß durch rücksichtsvolle Behandlung, häufiges Loben und ruhiges Sprechen ein Vertrauensverhältnis zwischen ihm und dem Pferd aufgebaut werden kann. Er lernt am Pferd Rücksichtnahme und Einfühlungsvermögen.

Einige Schüler haben zunächst, obwohl sie tierlieb und pferdebegeistert sind, Angst vor dem Pferd. Das Pferd in seiner Größe, Kraft und Schnelligkeit beeindruckt und ängstigt den Schüler, es fordert ihn aber auch gleichzeitig auf, es zu streicheln, sich auf es zu setzen und etwas mit ihm zu tun.

Diese anfängliche Angst vor dem Pferd kann durch behutsames Heranführen allmählich bewältigt werden.

Hat der geistig behinderte Schüler erst einmal Vertrauen zum Pferd gefaßt, und sind seine Ängste überwunden, so beginnen die ersten einfachen Übungen an und auf dem Pferd, die ersten Bewegungserfahrungen mit dem Pferd werden gesammelt. Er lernt, sich auf den Bewegungsrhythmus des Pferdes einzustellen und das Gleichgewicht zu halten.

Ist der Schüler im Umgang mit dem Pferd vertraut, hat er die anfänglichen Ängste überwunden und gelernt, das Gleichgewicht im Sitzen auf dem Pferderücken im Schritt, Trab und Galopp zu finden, so kann er allein und gemeinsam mit anderen Schülern Übungen an dem Pferd und auf dem Pferderücken ausführen. Für den geistig behinderten Schüler ist es schon eine beachtliche Leistung und es bereitet ihm ein glückliches Gefühl, neben dem Pferd herzugaloppieren oder im Grundsitz auf dem galoppierenden Pferd zu sitzen, ohne das Gleichgewicht zu verlieren.

Gleichgewichtsbeherrschung spielt im täglichen Leben eine bedeutende Rolle. Der Mensch muß bei all seinem Handeln sein Gleichgewicht immer wieder von neuem suchen, finden und wieder herstellen. Das Pferd bietet hierzu eine hervorragende Übungsmöglichkeit für den geistig behinderten Schüler. Durch die Übungen auf dem Pferd erlangt er beachtliche Sicherheit und Selbständigkeit in seinen Bewegungen.

Der Umgang mit dem Pferd und das Voltigieren sind auch immer eng mit Lernen und Leisten verbunden. Der Schüler erlebt nicht nur allein die Freude und Genugtuung über das Erreichte, er möchte auch wieder etwas Neues lernen, das nächste Ziel erreichen. Hat er es zum Beispiel geschafft, ohne sich festzuhalten auf dem Pferd zu sitzen, möchte er auch bald auf dem Pferd knien können. Auf die Mehrheit der Schüler scheint das nächste Ziel einen starken Motivationsreiz auszuüben. Das Bedürfnis, etwas lernen und leisten zu wollen, ergibt sich auch im Vergleich mit anderen Schülern. Man setzt sein eigenes Können mit dem eines anderen Schülers in Beziehung und möchte das, was der andere Schüler schon kann, auch können.

Der Wunsch, noch mehr zu können, ist die Grundlage für die Entwicklung von Durchhaltevermögen. Jeder Erfolg spornt zu neuen Aufgaben an und zeigt, daß Schwierigkeiten zu überwinden sind, wenn der Wille zur Überwindung und zum Durchhalten vorhanden ist. Aufgabe des Voltigierpädagogen ist es, die Anforderungen dem Leistungsvermögen des Schülers anzupassen und ihm Wege zur Überwindung von Schwierigkeiten zu zeigen.

Aus der Erfahrung des „Könnens" wird ein gesteigertes Selbstwertgefühl. Der Schüler bekommt Mut und Vertrauen zu sich selbst. Dieses gilt jedoch nur für Schüler, die in ihrer sozialen und kognitiven Entwicklung soweit sind, daß sie ansatzweise zum Beobachten anderer Schüler oder Gruppen und zum Leistungs- und Lernwillen fähig sind.

Geistig schwer behinderte Schüler sind zu diesem Lernwillen und Leistungsvergleich (noch) nicht fähig. Sie lernen eher dadurch, daß sie durch äußere Anreize, zum Beispiel die Bewegung des Pferdes, immer wieder zu situationsgerechtem Verhalten (in diesem Falle Gleichgewichtskontrolle) veranlaßt werden.

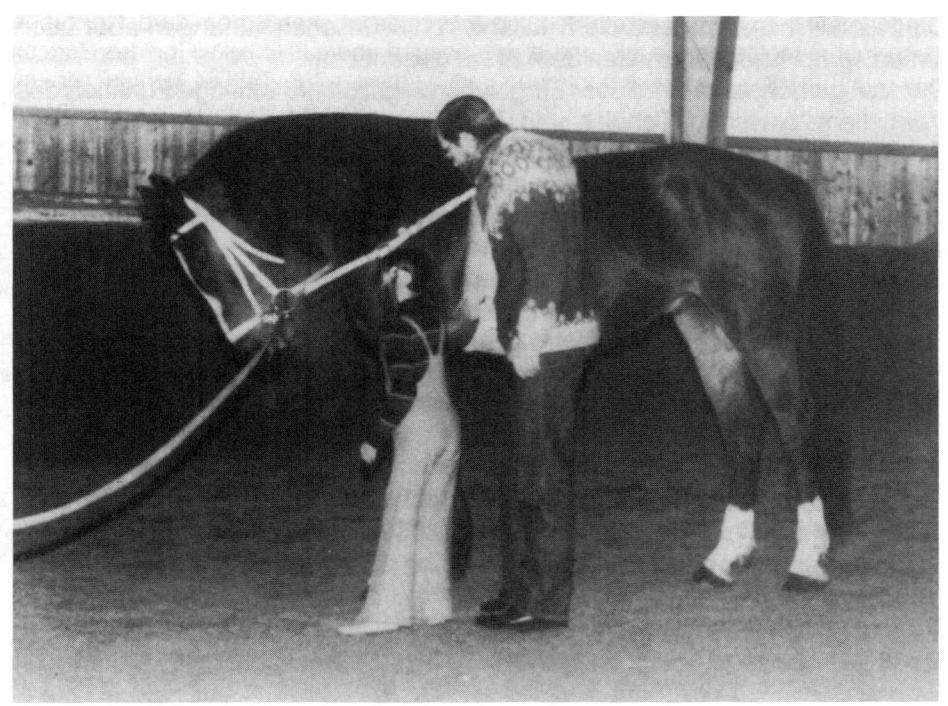

Aufbau von Vertrauen.

Beim Voltigieren wird von dem Schüler ein ständiges Anpassen und Einstellen auf die Bewegungen des Pferdes verlangt. Bei Zweier- und Dreierübungen kommt noch hinzu, daß jeder seine Bewegungen noch mit den Bewegungen des Partners oder der Partner abstimmen muß. Dieses gemeinsame Tun entwickelt und fördert kooperatives Verhalten und erzieht zur Hilfsbereitschaft.

Fast in jeder Unterrichtsstunde kommen auch Angstmomente vor. Wichtig für den Schüler ist, daß diese Angst von ihm überwunden wird. Jede Überwindung von Angst läßt den Schüler stärker, sicherer und selbstbewußter werden. Von zentraler Bedeutung bei der Angstbewältigung ist das Verhalten des Voltigierpädagogen. Ist er nervös und unsicher im Umgang mit dem Pferd, wird der Schüler noch mehr Ängste entwickeln und sich bald nicht mehr ans Pferd herantrauen. Der ruhige und besonnene Voltigierpädagoge, der das Pferd unter Kontrolle hat, vermittelt Sicherheit. Der Schüler weiß, daß der Voltigierpädagoge das Pferd sofort anhält, wenn es für ihn gefährlich wird. Er hat Vertrauen zum Lehrer und ist bereit, an ihn gestellte Leistungsanforderungen zu erfüllen.

Der Voltigierpädagoge muß darauf achten, daß er keine zu hohen Leistungsanforderungen stellt. Die Leistungsanforderungen dürfen nur ganz allmählich gesteigert werden. Dem Schüler muß in jeder Unterrichtsstunde ein Erfolgserlebnis vermittelt werden. Das Glücksgefühl über eine vollbrachte Leistung und die Anerkennung vom Voltigierpädagogen und der Gruppe erfüllen ihn mit neuem Selbstvertrauen und innerer Ausgeglichenheit.

Durch das Voltigieren wird eine Steigerung des Bewegungsvermögens erreicht. Bewegung existiert aber nicht als ein isoliertes Phänomen, sie ist immer begleitet von Empfindungen und Erfahrungen im Wahrnehmungsbereich. Die Bewegung wird oft erst durch die Wahrnehmung in Gang gesetzt, immer wird sie aber von sensorischen Reizen gesteuert, welche erst den erfolgreichen Ablauf einer Bewegungsfolge ermöglichen.

Die bewußte Bewegung ist deshalb als ein senso-motorisches Geschehen zu verstehen. Bei jeder Voltigierübung werden daher immer sensorische und motorische Anteile erfahren, geübt und weiterentwickelt. Zum Beispiel beim Anlaufen ans Pferd, zunächst im Stand und Schritt, dann im Trab und später im Galopp, wird die Fähigkeit, Richtung und Entfernung eines stehenden oder beweglichen Zieles einzuschätzen, sich darauf einzustellen, den eigenen Körper darauf zu zubewegen und das Objekt (Griff des Gurtes) zu erfassen, geübt. Die Schüler lernen gesteuerte Körperbewegung, gleichzeitig auch zielgerichtet und angemessen zuzugreifen.

Anlaufen ist eine Gesamtkörperkoordinationsübung (Zusammenwirken verschiedener Sinnesempfindungen untereinander oder kombiniert mit motorischen Handlungen), eine Richtungs- und Raumorientierungsübung.

Jede einzelne Übung an oder auf dem Pferd verlangt vom Schüler Konzentration und Reaktion. Der Voltigierpädagoge kann dabei beim einzelnen Schüler individuell den Konzentrations- und Reaktionseinsatz durch Auswahl und Durchführungsdauer der Übung steigern.

Beim schwer geistig behinderten Schüler — hier handelt es sich vorwiegend um Schüler mit totaler Passivität oder zwanghafter Bewegungsunruhe, mit starken Bewegungsstereotypien und geringen Kommunikationsmöglichkeiten — geht es in erster Linie darum, seinen eigenen

Der ruhige und besonnene Voltigierpädagoge vermittelt Sicherheit.

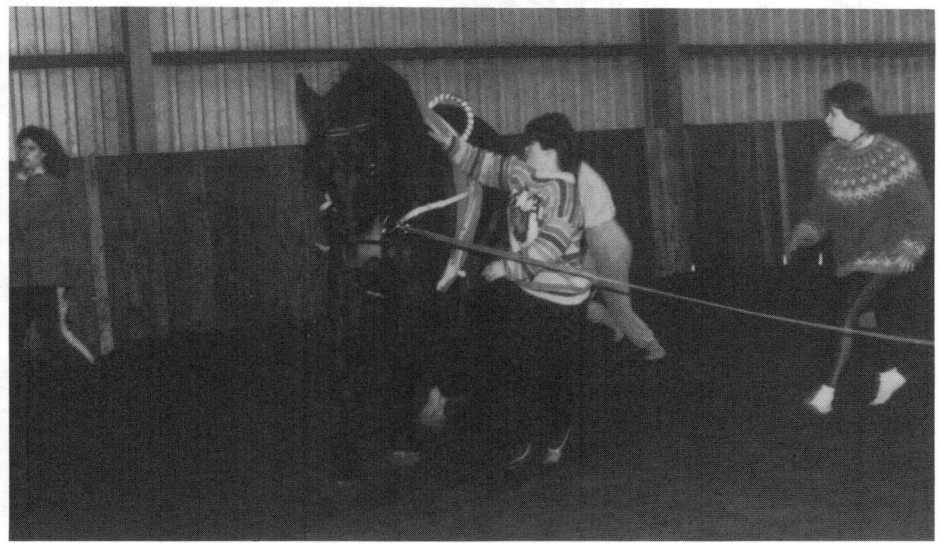

Anlaufen ans trabende Pferd. Wechsel vom inneren zum äußeren Griff des Gurtes, wieder zur Gruppe zurücklaufen – diese Handlungsabläufe erfordern schnelle Wahrnehmung, sofortiges Umsetzen in Bewegung und differenziertes Sprachverständnis.

Körper und den Körper des Pferdes zu fühlen und zu erleben. Im Sitz erfährt er die Wärme des Pferdeleibes und den dreidimensionalen Schwingungsimpuls des Pferderückens (hoch/runter, rechts/links, vor/zurück), welcher sich auf seinen Körper überträgt und von ihm dauernd Gleichgewichtsreaktionen fordert.

Dieser Schwingungsimpuls gleicht den Bewegungen, die unser Körper ausführt, wenn wir gehen. Die Schrittbewegungen des Pferdes vermitteln dem schwer geistig behinderten Schüler Bewegungserfahrungen, die ihm auf andere Weise nicht erfahrbar gemacht werden können. Durch die körperliche Nähe zum Pferd und das körpernahe Angebot beim Voltigieren entstehen körpereigene Empfindungen und Erfahrungen. Der eigene Körper ist das erste Erlebnis- und Lernfeld beim schwer geistig behinderten Schüler. Die Aufgabe des Voltigierpädagogen besteht darin, dem Schüler weitere Körpererfahrungen zu vermitteln, damit er seinen Körper kennen und gebrauchen lernt. Menschen, deren Körperbewußtsein gestört ist, haben große Schwierigkeiten, koordinierte Bewegungen auszuführen und das Gleichgewicht zu halten. An Förderungsmöglichkeiten für den schwer geistig behinderten Schüler kommen beim Heilpädagogischen Voltigieren insbesondere in Betracht:

Einfache Übung mit Gegenstand.

Entwicklung des Körperbewußtseins, Gleichgewichtsschulung, Wahrnehmungsschulung und Anpassungsbereitschaft.

Als weiterer Schritt werden dem schwer geistig behinderten Schüler unterschiedliche Gangarten angeboten. Durch den Wechsel der Bewegungsarten übt und lernt er, sein Gleichgewicht immer wieder neu herzustellen. Erst zu einem späteren Zeitpunkt können vom schwer geistig behinderten Schüler eigene sinnvolle Bewegungen gefordert und das Körperbewußtsein weiter aufgebaut werden. Bei jeder auf dem Pferderücken durchgeführten Übung erfährt er den Verlust und die Wiederherstellung von Gleichgewicht, was eine weitere Differenzierung des Lage- und Bewegungsgefühls bedeutet.

Ein großer Teil der schwer geistig behinderten Schüler wird von einer ziellosen und planlosen Unruhe getrieben. Auch wenn sie zunächst negativ erscheint, so liegt gerade in diesem motorischen Potenzial eine nicht hoch genug einzuschätzende Chance. Die unkontrollierten und hektischen Bewegungen können durch den Bewegungsrhythmus des Pferdes in zweckvolle und harmonische Abläufe umgewandelt werden. Die geordnete Bewegung auf dem Pferderücken übt auf den schwer geistig behinderten Schüler einen Konzentrations- und Reaktionszwang aus.

Der geistig behinderte Schüler verspürt rhythmisches Erleben in der Regel besonders lustvoll und angenehm, weil es Entspannung schafft und Ordnung beinhaltet. Jede Förderungsmaßnahme beim schwer geistig behinderten Schüler ist daher um so wirksamer, je mehr das rhythmische Element eine Rolle spielt.

Bei Schülern, bei denen die körperlichen Bewegungen eingeengt, müde, schlaff und ängstlich sind, können die Bewegungen des Pferderückens stimulierend wirken und dazu führen, daß Ängste überwunden werden.

Bei Übungen mit schwer geistig behinderten Schülern auf dem Pferderücken, bei denen es sich schwerpunktmäßig um Gleichgewichtsbeherrschung und Körperbewußtsein handelt, wird die Beibehaltung einer Körperposition, das Empfinden, Wahrnehmen und Kennenlernen des eigenen Körpers angebahnt.

Beim Training der Raum-Lage-Orientierung handelt es sich dagegen um ein In-Beziehung-Setzen von Gegenständen entweder zu sich selbst – dem Schüler also – oder zweier oder mehrerer Dinge zueinander. Bei diesem Training handelt es sich nicht wie bei den Übungen zum Körperbewußtsein um Übungen am eigenen Körper, zum Beispiel Rechts-Links-Beziehung am eigenen Körper, sondern um Beziehungen in bezug zum eigenen Körper.

Raum-Lage-Orientierung, das bedeutet Raumeroberung, Erfassen und Erstellen von Raum-Lage-Beziehungen und räumlichen Beziehungen, dieses wird beim Heilpädagogischen Voltigieren ständig trainiert. Beim Erlernen des Anlaufens zum Beispiel geht der Schüler an der Longe auf das Pferd zu, bei der ersten Phase der Mühle zum Beispiel führt er das rechte Bein nach vorn über den Pferdehals zum Innensitz.

Diese beiden Beispiele zeigen deutlich auf, daß Raum-Lage-Orientierung vom Schüler immer wieder gefordert wird. Gleichzeitig werden dabei auch andere Lernbereiche im Handlungsfeld Voltigieren aktiviert, geübt und weiterentwickelt, zum Beispiel Gleichgewichtsbeherrschung, Körperbewußtsein.

Das Training der Raum-Lage-Orientierung ist gleichzeitig gekoppelt mit dem Erlernen von Begriffen, die räumliche

Verhältnisse bezeichnen. Je nach Entwicklungsstand des Schülers werden einfache Begriffe wie „oben", „unten", „an", „auf", oder schwierigere Begriffe wie „innen", „außen", „hinten", „neben", „vor", „rechts", „links", „Anfang", „Ende" durch Bewegung bewußt gemacht.

Das Voltigieren schließt durch das Zusammenwirken von Wahrnehmung, Bewegung und Sprache auch ein Sprachtraining ein. Der Schüler lernt, auf die Sprache des Voltigierpädagogen zu achten, gesprochene Anweisungen aufzunehmen und in Bewegung umzusetzen, Antworten zu geben und auch Fragen zu stellen, sowie eigene Bedürfnisse und Wünsche zu äußern. Alle diese Verhaltensweisen fördern Sprachverständnis, Sprechbereitschaft und Sprachfähigkeit. Durch das Voltigieren macht der geistig behinderte Schüler viele neue Erfahrungen, welche die Bildung neuer Begriffe begünstigen.

Durch die Vermittlung des entsprechenden sprachlichen Ausdrucks für einen Begriff, eine Handlung oder eine Beziehung wird der Schüler in die Lage versetzt, diesen Begriff / diese Handlung / diese Beziehung zu behalten, wiederzuerkennen, einzuordnen und zu verwenden.

Je differenzierter der Übungsablauf wird, um so mehr muß der Schüler sprachliche Anweisungen des Voltigierpädagogen beachten und in „Handlungsanweisungen an sich selbst" umsetzen. Er muß also lernen, seine Wahrnehmung und sein motorisches Handeln bewußt kognitivsprachlich, das heißt, über Verstand und Sprache, zu steuern.

Untrennbar damit verbunden ist die Entwicklung der Gefühle, die der Schüler mit seinem Handeln verbindet. Piaget und Inhelder weisen darauf hin, daß schon beim Kleinkind mit zunehmender Komplexität der sensomotorischen Reaktion eine Vervielfachung der „psychologischen Befriedigungen" eintritt.

Dieses gilt natürlich auch für das ältere Kind, den Jugendlichen und den Erwachsenen, ob behindert oder nicht. Insbesondere bei Schülern, deren sensomotorische Handlungsfähigkeit beeinträchtigt ist, können Erfolgserlebnisse in diesem Bereich zu einer bedeutenden Steigerung ihres Selbstwertgefühls und ihrer Lernbereitschaft beitragen.

Schließlich ist gerade das Voltigieren von Anfang an ein sozialer Prozeß (vgl. Abb. unten). Jedes Handeln an und auf dem Lebewesen Pferd beinhaltet die Ausein-

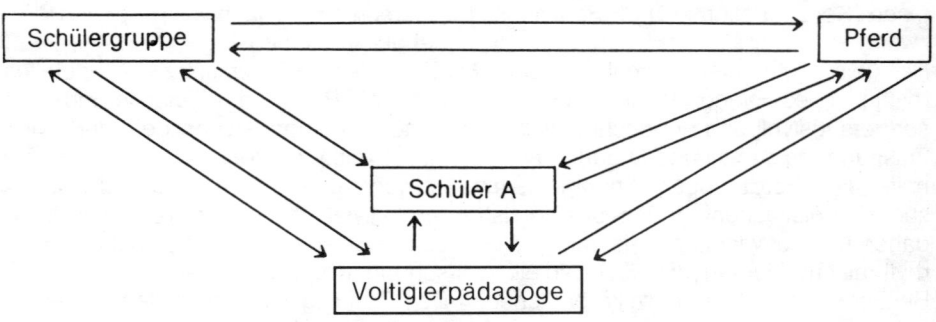

Soziale Beziehungen beim Heilpädagogischen Voltigieren.

andersetzung mit dessen Bewegungen und anderen Lebensäußerungen, anders als bei leblosem Unterrichtsmaterial. Hinzu kommen noch die Beziehungen zum Voltigierpädagogen und zur Schülergruppe oder zum einzelnen Partner. Diese bestehen aber auch bei anderen Angeboten der Bewegungserziehung. Die Besonderheit des Voltigierens, seine besondere Eignung für die Förderung sozialen Verhaltens, liegt eben in dem „Medium" Pferd. Bei kaum einem anderen Unterrichtsangebot wird auch vom schwer geistig behinderten oder schwer verhaltensgestörten Schüler so elementar die Wahrnehmung eines anderen Lebewesens als unumgängliche Bedingung für die Steuerung seines Handelns gefordert.

Wenn das Lernen beim Voltigieren für geistig Behinderte sinnvoll sein soll, muß es im praktischen Leben, im Alltag außerhalb der Reithalle anwendbar sein. Das Erlernen vieler Alltagshandlungen wird erleichtert, wenn der Schüler genauer wahrnehmen und sich sicherer bewegen kann, oder wenn er bestimmte sprachliche Begriffe beherrscht. Schon eine einfache Tätigkeit wie das Anziehen von Kleidung erfordert ein gewisses Körperbewußtsein, Fähigkeiten zum Halten des Gleichgewichts und ein differenziertes Zusammenspiel verschiedener Bewegungen und Fähigkeiten, die beim Voltigieren mit angebahnt und geübt werden. Sie erfordert auch die Kenntnis einiger sprachlicher Begriffe, etwa der Raumbegriffe rechts/links und oben/unten, die beim Voltigieren dem Schüler durch Bewegung erfahrbar gemacht und eingeübt werden können.
Die Übertragung der Lernergebnisse beim Heilpädagogischen Voltigieren auf eine Situation im Alltagsleben des geistig

behinderten Schülers, zum Beispiel beim An- und Ausziehen, soll hier verdeutlicht werden.
Folgende Fähigkeiten zu der Tätigkeit des An- und Ausziehens sind notwendig:
– Sitzen und Stehen, Wechsel von beiden,
– Kopfkontrolle,
– Rumpfkontrolle, einschließlich der Rotation,
– Gewichtsverlagerung,
– Augen- /Handkontrolle,
– Gleich- und wechselseitige Bewegungen,
– Feinkoordination,
– Körperschema,
– Kenntnis von Kleidungsstücken und ihren Bezug zum Körper / Reihenfolge,
– Richtiges Hinlegen der Kleidung nach Kriterien wie oben, unten, innen, außen.
Die Konsequenz ist, daß man bei Fehlen einer oder mehrerer dieser Voraussetzungen nicht einfach das An- und Ausziehen üben kann, sondern daß die fehlenden Basisfähigkeiten geübt werden müssen.

An diesem Beispiel wird deutlich, daß sich die Lernergebnisse beim Heilpädagogischen Voltigieren auf andere Tätigkeiten positiv auswirken. Beim An- und Ausziehen werden Basisfähigkeiten verlangt, die durch das Heilpädagogische Voltigieren beim Schüler mit entwickelt und aufgebaut werden.
Aber auch im Bereich des Gefühlslebens und des Sozialverhaltens besteht die Möglichkeit der Übertragung auf den Alltag. Nach den lerntheoretischen Gesetzmäßigkeiten erhöht die Verstärkung eines Verhaltens nicht nur die Wahrscheinlichkeit der Wiederholung dieses Verhaltens in der gleichen Situation, sondern auch in ähnlich strukturierten Situationen. Das Erlebnis, einen angsterzeugenden

Reiz nicht vermieden, sondern ihn erfolgreich bewältigt zu haben, erhöht die Wahrscheinlichkeit, daß der Schüler auch andere angsterzeugende Situationen nicht mehr meidet. Das Erlebnis eines Lernerfolges verstärkt sowohl das Verhalten in der betreffenden Übung als auch die Lernbereitschaft gegenüber ähnlichen Situationen des Alltagslebens. Umgekehrt kann gerade beim Voltigieren ein Schüler durch negative Erlebnisse und einen ungeschickten Pädagogen so verängstigt werden, daß er auch anderen Pädagogen und anderen Bewegungssituationen gegenüber Angstreaktionen zeigt.

Selbstverständlich kann man nicht erwarten, daß beim Voltigieren erlernte Fähigkeiten quasi automatisch vom Schüler auf andere Lebenssituationen übertragen werden. Wer seine Balancefähigkeit auf dem Pferd verbessert, wird zum Beispiel nicht unbedingt auch beim Gehen auf unebenem Grund sein Gleichgewicht besser halten können. Wer auf dem Pferd Anweisungen mit den Begriffen „rechts" und „links" richtig ausführt, wird dies nicht unbedingt auch beim Anziehen seiner Schuhe tun. Und ein unruhiger, vielleicht sogar aggressiver Schüler, der sich auf dem Pferd ruhig und an die Bewegungen des Pferdes angepaßt verhält, wird nicht automatisch in anderen Situationen ruhiger und konzentrierter sein.

Häufig kann man aber beobachten, daß das Handeln am und auf dem Pferd die Schüler sehr stark motiviert. Sie lernen daher bestimmte sensomotorische, aber auch kognitive Fähigkeiten relativ schnell und stellen sich in ihrem Verhalten bald recht gut auf das Pferd als Partner ein. Wir können ihnen dann bei der Übertragung der beim Voltigieren vollbrachten Leistung auf andere Lebenssituationen helfen.

Dabei bedienen wir uns des lerntheoretisch begründeten Prinzips der „Verhaltensverkettung": Ausgehend von einer motivierenden, ein Bedürfnis befriedigenden Zielhandlung − hier das Sich-Bewegen am und auf dem Pferd − können vor- und nachbereitende Handlungen aufgebaut werden. Die Begleitumstände des „eigentlichen" Voltigierens müssen daher ebenfalls als Lernsituation erkannt und genutzt werden.

Das beginnt schon bei der Vorbereitung auf die Voltigierstunde mit dem Anziehen entsprechender Kleidung und dem Weg zur Reithalle. Am Anfang der Voltigierstunde selbst steht die Vorbereitung des Pferdes.
Hierbei bieten sich den Schülern je nach deren Entwicklungsstand vielfältige Betätigungs- und Lernmöglichkeiten. Darauf folgt die Aufwärmphase mit gymnastischen Übungen der Schüler in der Reithalle.
Den Hauptteil der Stunde bilden die Voltigierübungen. Sie klingen mit frei gewählten Übungen aus.
Zum Schluß der Stunde ist nochmals eine Reihe von Aufgaben zu erledigen, die die Schüler nach und nach immer selbständiger durchführen sollen.

Um bei den obengenannten Beispielen zu bleiben: Nicht nur auf den Pferden, sondern auch beim Gehen, Laufen, Springen auf dem weichen, unebenen Boden der Reithalle verbessert der Schüler seine Balancefähigkeit. Vor und nach dem Voltigieren muß er Kleidung selbständig an- und ausziehen.
Während der ganzen Voltigierstunde, nicht nur am und auf dem Pferd, sind gewisse Verhaltensregeln zu beachten, um das Pferd nicht zu irritieren und Gefährdungen zu vermeiden. Ein Schüler, der

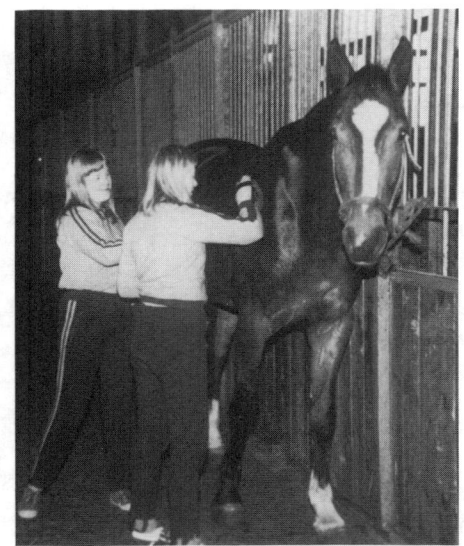

sich schon recht gut auf das Pferd einzu- stellen vermag, kann zum Beispiel an die Aufgabe des „Trockenführens" am Ende der Stunde herangeführt werden, bei der er sich über einen erheblich längeren Zeitraum mit dem Pferd auseinanderset- zen muß als beim Voltigieren selbst.

Auf diese Weise können wir durch das Voltigieren bestimmte Fähigkeiten der Schüler anbahnen oder verbessern, gleichzeitig haben die Schüler in der Vol- tigierstunde schon Gelegenheit, diese Fähigkeiten in anderen Situationen anzu- wenden.

Es ist davon auszugehen, daß das Heil- pädagogische Voltigieren Lernvoraus- setzungen, Fähigkeiten, Einstellungen usw. entwickelt und fördert und das Ler- nen neuer Verhaltensformen beeinflußt und erleichtert.

Vor der Unterrichtsstunde wird das Pferd geputzt.

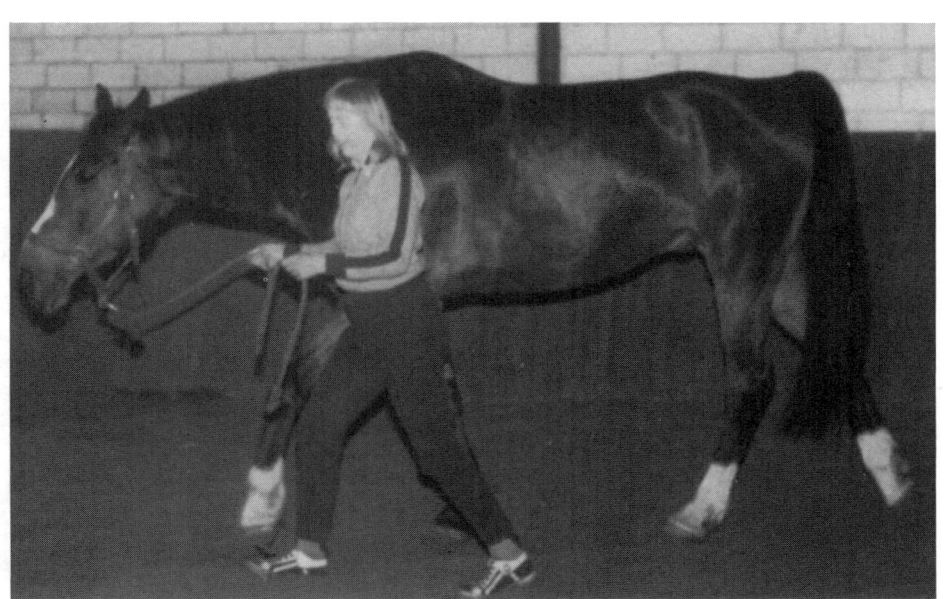

Das Pferd wird „trockengeführt".

Die folgende Aufstellung zeigt einige der wichtigsten Lernziele, zu deren Verwirklichung das Heilpädagogische Voltigieren beitragen kann, und soll die hierin liegenden Möglichkeiten für die Förderung geistig behinderter Schüler zusammenfassen.

Im sensoriell-motorischen Bereich	– Gleichgewichtsbeherrschung
	– Körperbewußtsein
	   – Körperimago
	   – Körperschema
	   – Körperbegriff
	– Raumlageorientierung
	– Gesamtkörperkoordination
	– Wahrnehmung
	   – visuell (Gesicht)
	   – auditiv (Gehör)
	   – taktil (Tastsinn)
	   – olfaktorisch (Geruchsinn)

Im emotional-sozialen Bereich	– Aufbau von Vertrauen – Aufbau von Selbstwertgefühlen – Eingestehen und Überwinden von Ängsten – Aufbauen von Verantwortungsbewußtsein – Kontaktaufnahmen und Einstellen auf den Partner – Entwickeln und Fördern kooperativen Verhaltens
Im kognitiven Bereich	– Sprachverständnis – Sprechbereitschaft – Sprachfähigkeit – Begriffsbildung – Förderung der Merkfähigkeit – Entwickeln von Lern- und Leistungsbereitschaft – Aufbau und Verbessern der Konzentrations- und Reaktionsfähigkeit – Entwickeln von Durchhaltevermögen – Entwickeln von Übertragungsfähigkeit

Zu der Aufstellung ist zu sagen, daß sich in der konkreten Lernsituation die einzelnen Förderungsbereiche und -möglichkeiten nicht so voneinander trennen lassen, wie es hier zur besseren Übersicht dargestellt wird. Der Schüler wird gleichzeitig auf mehreren Ebenen gefördert, auch wenn die Auswahl des Übungsangebotes auf ein ganz bestimmtes Ziel hin geschieht.

Bei Unterrichtsplanungen werden Zielvorstellungen festgelegt und das Übungsangebot auf dieses Ziel hin ausgewählt. Es versteht sich von selbst, daß bei der Durchführung gleichzeitig auch Förderung auf anderen Ebenen geschieht. Zum Beispiel bei der Zielsetzung „Einstellen auf den Partner" werden hauptsächlich Zweier- und Dreierübungen durchgeführt und Situationen geschaffen, die Hilfestellung erfordern. Dieses Beispiel zeigt, daß bei diesem Lernangebot schwerpunktmäßig das beabsichtigte Lernziel erreicht werden soll. Gleichzeitig wird aber auch auf anderen Ebenen, zum Beispiel Gleichgewichtsbeherrschung, Angstüberwindung, Wahrnehmung gefördert.

Voraussetzungen für das Heilpädagogische Voltigieren

— Der Ort der Durchführung

Zum Heilpädagogischen Voltigieren muß mindestens ein Platz mit einem Durchmesser von 18 m vorhanden sein, damit das Pferd auf einem Zirkel von etwa 13 m longiert werden kann und noch genügend Sicherheitsabstand bis zur Begrenzung besteht.

Meistens wird das Heilpädagogische Voltigieren in einer Reithalle von 20 x 40 m durchgeführt. Die Reithalle bietet den Vorteil, daß sie feste Begrenzungen hat und den Behinderten zu Anfang mehr Sicherheit bietet. In der Reithalle kann, wenn es nicht anders zu regeln ist, noch eine weitere Voltigiergruppe üben. Es sollte sich aber kein Reiter in der Bahn befinden. Die beiden Voltigierplätze müssen durch entsprechende Begrenzungen (zum Beispiel Cavalettis) voneinander getrennt sein, damit die Pferde nicht nach außen ausweichen können und die Schüler zur offenen Seite deutlich eine Begrenzung erkennen. Der Boden muß eben und trittfest, weder zu tief, noch zu fest sein. Ein tiefer Boden ermüdet Schüler und Pferd sehr schnell, und ein harter Boden bedeutet erhöhte Unfallgefahr beim Rutschen oder Springen vom Pferd oder beim eventuellen Fallen. Das Heilpädagogische Voltigieren im Freien bei schönem Wetter ist zu befürworten. Es bietet Abwechslung und neue Umwelterfahrungen für den geistig behinderten Schüler.

Eine Begrenzung des Platzes und ein ebener, trittfester, nicht zu glatter und zu harter Boden sind Voraussetzungen.

— Das Voltigierpferd

Der Erfolg der heilpädagogischen Maßnahme hängt wesentlich vom Voltigierpferd ab.

Eine wichtige Voraussetzung ist ein guter Charakter:

Das Pferd darf nicht beißen oder andere Unarten haben oder sogar ausschlagen wollen. Solche Pferde kommen nicht in Frage. Sie erzeugen Angst bei den Schülern und belasten das Vertrauensverhältnis zum Pferd und die Freude am Voltigieren. Im Temperament sollte das Pferd, welches wir zum Heilpädagogischen Voltigieren nehmen, ruhig, aber fleißig, nicht zu temperamentvoll, aber auch nicht abgestumpft sein.

Es soll schwungvoll und gleichmäßig gehen und eine ausgreifende Galoppade haben. Plötzlich auftretende Einflüsse aus der Umwelt dürfen es nicht ängstigen und erschrecken. Eine gewisse Unbekümmertheit ist notwendig. Geräusche, Bewegungen oder Gegenstände, mit denen das Pferd konfrontiert wird, sollen es nicht aus der Fassung bringen. Es soll unkompliziert und geduldig sein. Voraussetzungen sind ebenfalls ein völlig unempfindlicher Rücken, sowie eine unempfindliche Nieren-, Flanken- und Kruppenpartie. Auch der Hals muß zu belasten sein. Gebäudemäßige Voraussetzungen sind ein kräftiges Fundament, gesunde Beine und Hufe, ein breiter und gerader Rükken; Kopf, Hals, Rumpf und Beine sollen zusammenpassen, das Pferd soll gut proportioniert und mittelgroß bis groß sein. Erfüllt das Pferd, welches man zum Heilpädagogischen Voltigieren einsetzen will, die beschriebenen Voraussetzungen vom Charakter, vom Temperament, von der Galoppade, vom Gesundheitszustand und vom Gebäude nicht, so ist vom Einsatz abzuraten.

— Der Voltigierpädagoge

Es liegt auf der Hand, daß bei einer heilpädagogischen Maßnahme mit geistig behinderten Schülern, wie es das Heilpädagogische Voltigieren darstellt, besondere Anforderungen an den Voltigierpädagogen gestellt werden. Er muß ein guter Pädagoge, Pferdefachmann und Voltigierausbilder zugleich sein.
Als Pädagoge muß er ein gutes Einfühlungsvermögen und viel Geduld haben. Er muß sich bei den Unterrichtsanforderungen an der Lernausgangslage und dem Leistungsvermögen der Gruppe und des einzelnen Schülers orientieren. Bei auftretenden Schwierigkeiten soll er dem Schüler Wege zur Überwindung zeigen und ihn wieder zu neuem Tun anspornen, ihn motivieren. Jede Unterrichtsstunde muß Erfolgserlebnisse für den einzelnen Schüler bringen.
Der Voltigierpädagoge hat bei seinem

Handeln immer daran zu denken, daß Lob und Bekräftigung außerordentlich wichtig für den Schüler sind und daß negative Kritik entmutigend wirken kann. Mit dem Gefühl, wieder etwas geleistet zu haben, sollte der geistig behinderte Schüler die Voltigierstunde beenden.

Der Voltigierpädagoge muß auf jeden Fall sicher im Umgang mit Pferden sein, denn seine Sicherheit überträgt sich auf die Schüler. Das Verhalten des Voltigierpädagogen ist ausschlaggebend dafür, daß vorhandene Ängste beim Schüler überwunden werden und Vertrauen zum Pferd aufgebaut wird.
Der Voltigierpädagoge muß fachgerecht longieren können und Kenntnisse über Aufbau und Ausführung von Voltigierübungen haben.
Ein gut ausgebildeter Voltigierpädagoge ist auch gleichzeitig der wirksamste Faktor für die Minderung der beim Voltigieren gegebenen Unfallrisiken. Leichtsinn und/ oder Angst beim Schüler sind häufige Unfallgründe.
Leichtsinn kann nur ein Könner verhindern, Angst kann nur jemand abbauen, der sehr verständig und besonnen mit Menschen und Tieren umgehen kann. Wichtig ist ebenfalls, daß der Voltigierpädagoge bei Unfällen rasch und richtig handeln kann, er allein ist verantwortlich für das Geschehen in der Unterrichtsstunde.
Das Deutsche Kuratorium Therapeutisches Reiten (DKThR) hat für Personen, die das Heilpädagogische Voltigieren durchführen, Voraussetzungen erarbeitet.
Zur Durchführung des Heilpädagogischen Voltigierens sind danach Personen qualifiziert:
— mit abgeschlossener pädagogischer, psychologischer oder psychothera-

peutischer Ausbildung (u.a. Lehrer, Sonder-, Heil-, Sportpädagoge, Sozialpädagoge/Sozialarbeiter, Erzieher, Psychologe, Psychotherapeut), mit Kenntnis entsprechender heilpädagogischer Methoden und praktischer einschlägiger Erfahrung in der Arbeit mit Gruppen,
— die Fachübungsleiter Voltigieren (Breitensport), Voltigierwart oder Voltigierlehrer sind,
— die den Grund- und Abschlußkurs von je 7 1/2 Tagen des DKThR mit Erfolg absolviert haben.
Diese Personen sind berechtigt, sich Reit- oder Voltigierpädagoge zu nennen.

— Der Schüler

Zunächst erhebt sich die Frage, welcher geistig behinderte Schüler soll am Heilpädagogischen Voltigieren teilnehmen? Die Antwort lautet: grundsätzlich jeder Schüler.
Bevor natürlich ein Schüler am Heilpädagogischen Voltigieren teilnimmt, muß eine gründliche ärztliche Untersuchung stattfinden. Die Untersuchung ist vorgesehen, um zusätzliche Leiden, zum Beispiel Körperbehinderungen, zu erfassen, die besonderer Beachtung bedürfen oder Kontraindikationen darstellen.
Erst wenn der Arzt eine medizinische Unbedenklichkeitsbescheinigung ausstellt, kann der Schüler am Heilpädagogischen Voltigieren teilnehmen.
In unserer Heilpädagogischen Tagesbildungsstätte sind wir so vorgegangen, daß wir den Eltern für den Arzt ein kurzes Schreiben mitgegeben haben, in dem die drei Bereiche des Therapeutischen Reitens vorgestellt und Kontraindikationen beispielhaft für das Heilpädagogische Voltigieren aufgezählt wurden. Der Arzt

wurde gebeten, eine medizinische Unbedenklichkeitsbescheinigung auszustellen. (Schreiben an Eltern und Arzt, s. Anlage 1 und 2, Seiten 153 ff.).

Wichtig ist, daß das Heilpädagogische Voltigieren bei geistig behinderten Schülern kontinuierlich durchgeführt wird und ein fester Bestandteil des Stundenplanes ist. Einmal in der Woche 120 Minuten Voltigierunterricht für eine Klasse sollte die Regel sein.

— Der Helfer

Neben dem Voltigierpädagogen, der für die Durchführung der heilpädagogischen Maßnahme verantwortlich ist, ist ein Helfer bei geistig behinderten Schülern unbedingt notwendig. Die Funktion des Helfers kann der Klassenlehrer übernehmen. Voraussetzung für den Helfer sollte sein, daß er Grundkenntnisse über Longieren und Voltigieren besitzt und in der Lage ist, vorübergehend das Pferd an die Longe zu nehmen.
In unserer Tagesbildungsstätte haben wir Mitarbeiter im Longieren und Voltigieren dadurch befähigt, daß wir eine Arbeitsgemeinschaft für Longieren und Voltigieren eingerichtet hatten.
Das Longieren und Voltigieren wurde theoretisch und praktisch einmal in der Woche angeboten. Die Arbeitsgemeinschaft bestand etwa zwei Jahre und die Mehrheit unserer Mitarbeiter konnte danach ein Pferd zufriedenstellend longieren und Hilfen beim Voltigieren geben. Drei dieser Mitarbeiter sind inzwischen sogar als Voltigierausbilder im Reitverein tätig. Der Helfer mit solchen Voraussetzungen ist bei geistig behinderten Schülern deshalb notwendig, damit der Voltigierpädagoge jemandem die Longe

übergeben kann, wenn er dem Schüler besondere Hilfen geben muß.

Unsere Erfahrungen bei geistig behinderten Schülern haben gezeigt, daß neben dem Voltigierpädagogen ein Helfer mit Befähigung im Longieren und Voltigieren unbedingt notwendig ist. Sind diese personellen Voraussetzungen geschaffen, so sind günstige Möglichkeiten für die Entwicklungsförderung bei geistig behinderten Schülern gegeben.

– Der Beobachter

Die Tätigkeit des Beobachters besteht darin, daß er den Erziehungsstil, das pädagogische Handeln des Voltigierpädagogen und des Helfers, sowie das Lern-, Leistungs- und Sozialverhalten des Schülers genau beobachtet. Ferner ist es wichtig, die Wechselbeziehungen im Aktionsbereich Voltigierpädagoge, Schüler, Helfer, Gruppe und Pferd zu erfassen. In der anschließenden Nachbesprechung der Unterrichtsstunde soll er den beteiligten Pädagogen Rückmeldung über ihr Verhalten und das Verhalten der Schüler geben, damit ihnen der Erziehungsprozeß, in dem sie als Beteiligte aktiv waren, durchschaubar wird. Der Beobachter darf während der Fördermaßnahme niemals einwirken.

Die weitgehend objektive Rückmeldung, die durch die Mitarbeit des am Erziehungsprozeß nicht beteiligten Beobachters gegeben wird, ermöglicht die sachliche Reflexion und damit eine Veränderung und Verbesserung des Erzieherverhaltens.

Leider ist die Anwesenheit des Beobachters beim Heilpädagogischen Voltigieren mit geistig behinderten Schülern die große Ausnahme. Sie muß deshalb als eine Forderung verstanden werden.

– Die Gruppe

Das Heilpädagogische Voltigieren vollzieht sich in der Gruppe. Die Größe der Gruppe ist für eine angemessene Förderung von Wichtigkeit. Bei geistig behinderten Schülern sollte sie sechs bis acht Schüler nicht überschreiten, da sonst zu lange Wartezeiten entstehen. Wartezeiten können durch Partnerübungen (Zweier- oder Dreierübungen) verkürzt werden.

Eine Gruppe mit der genannten Schüleranzahl bietet dem einzelnen Schüler mehr Möglichkeiten der Kontaktaufnahme mit seinen Mitschülern. Für den Voltigierpädagogen bedeutet dieses, daß für ihn die Gruppe noch überschaubar ist und er auf die Lernschwierigkeiten und Lernmöglichkeiten des einzelnen Schülers besser eingehen kann.

Nach unseren Erfahrungen sollte die Voltigiergruppe mit der Klasse identisch sein. Der gruppendynamische Prozeß wird hier unter erweiterten Voraussetzungen (Voltigierpädagoge und Pferd als zusätzliche Gruppenmitglieder) fortgesetzt. Eine Gruppe, in der nur schwer geistig behinderte Schüler sind, sollte die Ausnahme darstellen. Falls nicht anders möglich, darf hier die Gruppe höchstens aus drei Schülern bestehen. Diese Kleingruppe ist deshalb erforderlich, da bei diesen Schülern mehr Zeit von der Aufnahme von Reizen bis zur Umsetzung in Reaktionen benötigt wird. Hinzu kommt, daß Partnerübungen bei diesen Schülern die Ausnahme sind. Die Zielvorstellungen im emotional-sozialen Bereich, wie sie in der Sechser- bis Achtergruppe angegangen werden, stellen für den schwer geistig behinderten Schüler noch eine Überforderung dar. Ihm werden Lernziele im emotional-sozialen Bereich auf der Ebene der Zweier- oder Dreierbeziehung angeboten, zum Beispiel Schüler – Voltigierpädagoge, Schüler – Pferd oder Schüler – Voltigierpädagoge – Pferd.

Beim schwer geistig Behinderten ist zu überlegen, ob hier nicht eher eine Einzelförderung angezeigt ist.

Die Einzelförderung beinhaltet zunächst ein zeitlich längeres Verweilen auf dem Pferderücken, je nach Belastungsfähigkeit des Behinderten von 5 bis 20 Minuten.

Bei diesem Förderungsangebot lernt der Behinderte Bewegungen seines Körpers, die durch die Bewegungen des Pferdes verursacht werden, wahrzunehmen und entwickelt dadurch ein Körperbewußtsein. Auch muß er immer wieder von neuem sein Gleichgewicht herstellen. Die Erhaltung des Gleichgewichts fordert vom schwer geistig Behinderten Aufmerksamkeit und Reaktionsbereitschaft.

Der Voltigierunterricht mit geistig behinderten Schülern

Unterrichtsorganisation

Das Wesentliche für die Unterrichtsorganisation ist bereits in „Voraussetzungen für das Heilpädagogische Voltigieren" genannt worden.

Beim Heilpädagogischen Voltigieren sollte die Voltigiergruppe, wie bereits erwähnt, mit der Klasse identisch sein und als Helfer der Klassenlehrer fungieren. Die Klasse ist für den geistig behinderten Schüler die wesentliche Bezugsgruppe und der Klassenlehrer eine wichtige Bezugsperson. Die Sozialisation des Schülers erfordert die Beständigkeit von Bezugsgruppe und Bezugsperson.

Der Klassenlehrer in der Funktion des Helfers ist für die Hilfestellung und Beschäftigung mit Zusatzaufgaben bei längeren Wartezeiten zuständig. Er hat grundsätzlich keine Erklärungen und Anweisungen bei den Voltigierübungen zu geben. Erklärungen und Anweisungen gibt der Voltigierpädagoge. Der Schüler soll nur von einer Person verbale Signale erhalten, damit er Informationen entsprechend wahrnehmen und verarbeiten kann. Zu viele, eventuell noch unter-

schiedliche Informationen verunsichern und überfluten den Schüler nur. Die Erklärungen und Anweisungen sollten so kurz und zeitsparend wie möglich sein, sie sollten langsam und deutlich gesprochen werden. Nach Möglichkeit sind immer dieselben Ausdrücke zu verwenden. Wichtig ist, daß die Schüler eine Reihenfolge zum Voltigieren und Führen des Pferdes festlegen. Dieses sollten die Schüler selbständig regeln. Der Schüler muß immer wissen, wann er an der Reihe ist.

Jedem Schüler ist die gleiche Übungszeit an und auf dem Pferd zu geben. Auch der geistig behinderte Schüler achtet sehr genau darauf und empfindet eine längere Übungszeit eines anderen Schülers als Ungerechtigkeit.

Wenn möglich, sind häufiger Partnerübungen einzuschieben, dadurch verringern sich die Wartezeiten.

Geringe Wartezeiten sollten in jeder Unterrichtsstunde angestrebt und unnützes Herumstehen weitgehend vermieden werden.

2

Unterrichtsplanung

Bei der Vorbereitung und Planung der Unterrichtsstunde muß der Voltigierpädagoge von der Lernausgangslage der Lerngruppe und des einzelnen Schülers ausgehen.

Unter Beachtung der Ausgangslage legt er die Lernziele fest und wählt Übungen aus, die schwerpunktmäßig auf dieses Ziel hin ausgerichtet sind.

Die Beschreibung von Lernzielen, nach beobachtbaren Kriterien, ermöglicht eine Lernzielkontrolle und gibt dem Voltigierpädagogen die Möglichkeit, Rückschlüsse über die Lernfortschritte zu ziehen.

Das Übungsangebot muß, ausgehend von den unterschiedlichen Lernvoraussetzungen der Schüler, differenziert werden. Dadurch wird gewährleistet, daß Schüler mit unterschiedlichem Entwicklungsstand die angestrebten Lernziele ebenfalls erreichen können.

Diese angestrebten Lernziele beschreiben, was die Gruppe oder der einzelne Schüler am Ende einer Unterrichtsstunde oder nach einem längeren Zeitraum können sollte. Die Lernziele sollen in einem gleichmäßig fortschreitenden und ständig überprüften Prozeß der Annäherung verfolgt und erreicht werden.

Eine Unterrichtsstunde darf nicht nach einem starren Schema ablaufen, sondern hat sich jeweils nach der Unterrichtssituation und den Lernergebnissen auszurichten.

Der Voltigierpädagoge muß bei aller Zielgerichtetheit seiner Übungsabsichten ständig die Reaktionen seiner Schüler beobachten, um sein ausgewähltes Übungsangebot je nach den Erfordernissen der Situation abzuändern, zu erleichtern oder gar abzubrechen.

Spaß und Motivation müssen bei den Schülern immer erhalten bleiben, deshalb sollte sich der Voltigierpädagoge bei der Planung der Unterrichtsstunde überlegen, wie er die Übungsangebote in fröhlicher, erlebnisreicher Form an die Schüler heranbringt.

Für die Motivation der Schüler ist es notwendig, daß sie Gelegenheit erhalten, entsprechend ihren Bedürfnissen und Interessen handelnd am Geschehen des Unterrichts teilzunehmen. Der Voltigierpädagoge hat hier die Aufgabe, jedem Schüler weitgehend selbständige Mitwirkung am Unterricht zu ermöglichen.

Aufbau einer Unterrichtsstunde

Der Ablauf einer Unterrichtsstunde sollte auf einen Übungsschwerpunkt ausgerichtet sein.

Der Voltigierpädagoge muß deshalb seinen Unterricht planen und vorbereiten. Er muß sich vorher überlegen, was er erreichen möchte. Das beliebige Aneinanderreihen von Übungen ohne vorherige Planung ist nicht angebracht.

Eine Voltigierstunde mit geistig behinderten Schülern dauert in der Regel 120 Minuten und sollte in fünf Abschnitte gegliedert sein:

I. Vorbereitung des Pferdes für das Voltigieren,
II. Aufwärmphase,
III. Hauptteil,
IV. Ausklang,
V. Aufgaben nach dem Voltigieren.

Die Aufgaben I. und V. sollen zunächst mit Hilfe, später nach Möglichkeit selbständig von den Schülern durchgeführt werden. Der Voltigierpädagoge leistet Hilfe zur Selbsthilfe. Die Aufwärmphase (II.)

und der Hauptteil (III.) sollten vor jeder Voltigierstunde vom Voltigierpädagogen in Absprache mit dem Klassenlehrer (Helfer) mit genauer Zielsetzung für die Gruppe und den einzelnen Schüler geplant werden.

Der IV. Abschnitt bietet dem einzelnen Schüler die Möglichkeit, selbst eine Übung auszudenken.

– Stundengliederung

I. Vorbereitung des Pferdes für das Voltigieren (Verteilung der Aufgaben, Regelung, wer das Pferd vor und nach dem Voltigieren führt)

a) im Stall:
- Putzzeug und Anbindestrick holen,
- Pferd aus der Box holen und in der Stallgasse anbinden oder bei schönem Wetter draußen (ein Schüler kann das Pferd auch festhalten),
- Pferd putzen, Mähne bürsten, Schweif reinigen und Hufe auskratzen,
- Pferd auftrensen – vom Voltigierpädagogen (Schüler schaffen es nur in Ausnahmefällen),
- Kinnriemen und Kehlriemen festschnallen,
- Putzzeug und Halfter wegbringen,
- Pferd in die Reithalle führen,
- Putzplatz in der Stallgasse fegen.

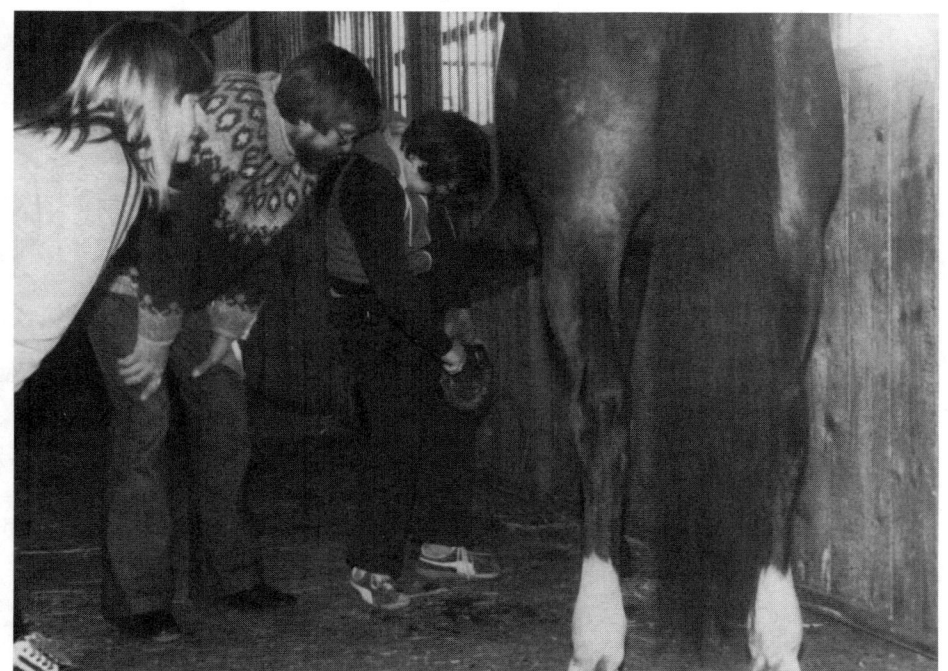

Wir können „Samson" schon selbständig für das Voltigieren vorbereiten.

b) in der Reithalle:
- alle notwendigen Sachen für das Voltigieren holen:
  Gurt, Schaumgummi, Ausbinder, Longe, Peitsche,
- Gurt mit Schaumgummiunterlage auflegen und befestigen,
- Longe einhängen,
- Peitsche bringen.

Zum Führen in die Reithalle soll das Pferd schon aufgetrenst sein. Der Gurt sollte aber erst in der Reithalle aufgelegt werden. Nach meinen Erfahrungen kann es passieren, daß beim Führen in die Reithalle der Gurt an der Stall- oder Reithallentür hängenbleibt. Die Schüler nehmen

oft die Kurve zu eng. Hier muß der Voltigierpädagoge nach den jeweiligen örtlichen Gegebenheiten entscheiden.

II. Aufwärmphase

a) Aufwärmen und Lockern der Schüler.

b) Lösen des Pferdes durch Ablongieren auf beiden Händen. Aufwärmen und Lockern der Schüler und lösen des Pferdes geschehen gleichzeitig. Ist das Pferd ablongiert, können bereits Übungen am Pferd durchgeführt werden.
(Pferd nach dem Lösen nachgurten,

In der Reithalle legen wir „Samson" den Voltigiergurt auf.

Ausrüstung überprüfen und Ausbinder einhaken).

III. Hauptteil

Die Aufgabenstellung des Hauptteils wird sehr stark vom Unterrichtsziel bestimmt.

Übungsschwerpunkte können sein:
a) Einzelübungen ⎤ auf dem Pferd
b) Zweierübungen ⎬ im Stand, Schritt,
c) Dreierübungen ⎦ Trab und Galopp

IV. Ausklang

Dieser Teil der Unterrichtsstunde bildet den Abschluß der Übungen an und auf dem Pferd. Jeder einzelne Schüler kann die Übung wählen, die er zeigen möchte. Er hat hier Gelegenheit zur selbstgewählten Betätigung. Bei dieser sogenannten „Wunschübung" geht das Pferd im Schritt. Diese Gangart wird vom Voltigierpädagogen vorgegeben.

V. Aufgaben nach dem Voltigieren
(Verteilen der Aufgaben)

— Ausbinder aushaken,
— Gurt lockern und mit Schaumgummiunterlage abnehmen,
— Longe aushängen und aufwickeln,
— Gurt mit Schaumgummiunterlage und Ausbinder, Longe und Peitsche wegräumen,
— Pferd trockenführen,
— Pferd abtrensen und Halfter anlegen,
— Pferd in den Stall führen,
— Gebißstück der Trense abwaschen und Trense an den vorgesehenen Platz bringen,
— Hufschlag ebnen.

— **Beispiel einer Unterrichtsstunde**

Dauer der Übungsstunde: 120 Minuten. Klasse: Oberstufe II / acht Schüler im Alter von 13-15 Jahren.
Diese Klasse hat bereits seit Beginn der Schulzeit Voltigierunterricht, fünf Schüler sind seit zwei Jahren im Reiterverein und voltigieren einmal in der Woche zusammen mit nichtbehinderten Schülern. Außerdem reiten drei der Schüler seit einem halben Jahr in einer Reitabteilung des Vereins einmal in der Woche mit.

Lernziele dieser Stunde sollen sein:
Den eigenen Bewegungsrhythmus an den des Pferdes anpassen.
Gleichgewichtsbeherrschung im Galopp, Einstellen auf den Partner.

I. Vorbereitung des Pferdes für das Voltigieren (30 Min.)

— Verteilen der Aufgaben: Putzzeug und Voltigierausrüstung holen; Pferd aus der Box führen; Pferd putzen, auftrensen; Gurt auflegen; Putzplatz fegen.

II. Aufwärmphase (20 Min.)

— Lösen des Pferdes durch Ablongieren auf beiden Händen durch den Voltigierpädagogen,
— Aufwärmen und Lockern der Schüler. Diese Aufgabe übernimmt der Lehrer in der Funktion als Helfer oder aber ein Mitschüler.
Möglichkeiten der Aufwärmgymnastik:
— alle Schüler bewegen sich hintereinander in den Gangarten: Schritt, Trab, Galopp,
— mit beiden Beinen hüpfen,
— Rückwärtslaufen,

- Laufen im Seitgalopp, mit dem Gesicht nach „innen" oder „außen",
- der „Letzte" überholt die Reihe „innen" und geht dann als „Erster",
- oder überholt die Reihe „außen",
- oder „Slalom durch die Gruppe".

Aufwärmen und Lockern der Schüler und Lösen des Pferdes geschehen gleichzeitig.
- Ist das Pferd ablongiert, beginnen die Übungen am Pferd.
  Der Schüler läuft dicht an der Longe auf das trabende Pferd zu und faßt mit der rechten Hand den Innengriff. Während er so neben dem Pferd hertrabt, lobt er es mit der linken Hand am Hals. Wieder am Ausgangspunkt, läuft er zur Gruppe zurück, während der nächste Schüler anläuft und die gleiche Übung ausführt.
- Anlaufen ans trabende Pferd wie in der vorhergehenden Übung. Bei Zuruf des Voltigierpädagogen Wechsel vom inneren zum äußeren Griff des Gurtes, während der nächste Schüler innen wieder anläuft. So läuft immer ein Schüler „innen" am Pferd und ein Schüler „außen" am Pferd, während der dritte Schüler wieder zur Gruppe läuft.

III. Hauptteil (30 Min.)

- Ein Schüler hilft einem anderen auf das im Schritt gehende Pferd. Vorher ist abgesprochen worden, daß immer der Schüler Hilfestellung gibt, der als nächster an der Reihe ist.
- Pferd galoppiert an. Der Schüler sitzt auf dem galoppierenden Pferd. Er wird aufgefordert, den rechten Arm seitwärts auszustrecken, danach den lin-

ken Arm und – je nach Leistungsstand des einzelnen Schülers – auch beide Arme.
- Pferd geht wieder im Schritt. Rechtes Bein schwingt hoch über Widerrist und Hals zum Abgang. Während der Schüler zum Abgang ansetzt, läuft der nächste Schüler mit Helfer schon zum Aufsprung an. (Durch einen reibungslosen Ablauf werden die Wartezeiten verringert. Die Schüler, die gerade nicht an der Reihe sind, üben den Bewegungsablauf dieser Übungsfolge am Holzpferd.)
- Reiten zu zweit im Schritt.
  Der vordere Schüler steigt im Schritt auf. Danach wird das Pferd angehalten und der hintere Schüler steigt mit Hilfe des vorderen Schülers und des Helfers auf. Helfer kann der Lehrer oder auch ein Mitschüler sein; einige Schüler können diese Hilfestellung bereits geben.
- Das Pferd bewegt sich wieder im Schritt vorwärts. Beide Schüler bleiben entweder im Sitz oder der hintere Schüler führt einen Kniestand aus. Auf Kommando strecken beide Schüler gleichzeitig beide Arme seitwärts.
- Der hintere Schüler rutscht etwas zurück und legt die Hände hinter seinem Rücken auf den Pferderücken, damit er die Balance hält. Der vordere Schüler macht den Abgang. Der hintere Schüler bleibt auf dem Pferd und rutscht nach vorn. Das Pferd wird angehalten und der nächste Schüler steigt auf usw..

IV. Ausklang (10 Min.)

- Pferd geht im Schritt.
  Wunschübung – die Schüler können also auswählen, welche Übung sie machen wollen.

V. Aufgaben nach dem Voltigieren
(30 Min.)

– Ausbinder aushaken,
– Gurt abnehmen,
– Longe aufwickeln,
– Ausrüstung wegräumen,
– Pferd trockenführen,
– Pferd in den Stall bringen,
– Gebißstück der Trense abwaschen,
– Hufschlag ebnen.
Diese Aufgaben werden auf alle Schüler verteilt.

Dieses Stundenbeispiel ist auf eine Gruppe bezogen, die im Voltigieren schon ein hohes Maß an Bewegungserfahrung gesammelt hat und zunehmend zu komplexeren und umfassenderen Handlungen beim Voltigieren fähig ist.

Reflexion

Ist ein Beobachter, der eine systematische Verhaltensbeobachtung durchführen kann, nicht vorhanden, so ist vom Voltigierpädagogen ein Gedächtnisprotokoll zu erstellen. Dieses Protokoll sollte das Gruppengeschehen und das Verhalten des einzelnen Schülers in der Lernsituation beschreiben und seine Lernfortschritte festhalten. Über Erfolg oder Mißlingen der angestrebten Übung ist ebenfalls zu berichten, zum Beispiel auch darüber, daß ein motorisch stark gestörter Schüler erstmalig eine bestimmte Übung geschafft hat.
Das schriftliche Fixieren von Beobachtungen nach Stundenende erweist sich immer wieder als sehr wertvoll. Diese reflektierende Nachbesinnung ist zur Feststellung der Wirksamkeit des Voltigierunterrichts und als Grundlage zur weiteren Planung erfoderlich.
Sie gibt immer wieder Anlaß zur Neuorientierung für die folgende Stundenvorbereitung.

Vorstellungen von Übungen und ihre Zielsetzung

Ausgehend von einer siebzehnjährigen Tätigkeit im Voltigieren mit geistig behinderten Schülern sind hier Übungen und deren Zielsetzung zusammengestellt. Zur weiteren Strukturierung dieser sehr komplexen Zielsetzung sind dann Feinlernziele herausgearbeitet worden.
Dieses Übungsangebot kann selbstverständlich keinen Anspruch auf Vollständigkeit erfüllen.
Das Angebot einer Vielzahl von Übungen und deren Zielsetzung ermöglicht die Auswahl von Übungen nach Übungsschwerpunkten. Dadurch ergibt sich die Möglichkeit der Einflußnahme auf bestimmte Bereiche der Persönlichkeit des geistig behinderten Schülers.
Zur besseren Übersicht für die Unterrichtsplanung sind die Übungen nach Aufwärmphase und Hauptteil unterteilt.
Viele der hier vorgestellten Übungen sind vorbereitende Übungen zu den einfacheren Pflicht- und Kürübungen des sportlichen Voltigierens, die Übergänge zum sportlichen Voltigieren sind fließend. Zu erwähnen ist noch, daß es bei der Ausführung von Übungen nicht unbedingt auf Bewegungsgenauigkeit ankommt.

Vom geistig behinderten Schüler wäre es zum Beispiel zuviel verlangt, eine Mühle mit durchgedrückten Knien und gestreckten Fußspitzen zu fordern. Wichtig ist, daß er lernt, sein Gleichgewicht bei so einer differenzierten Übung auf dem Pferderücken zu halten. Später können höhere Anforderungen an die Bewegungsfähigkeit gestellt werden.

Übungen

— In der Aufwärmphase:

Übung 1
Zielsetzung:
Begriffsbildung/Einstellen auf den Partner

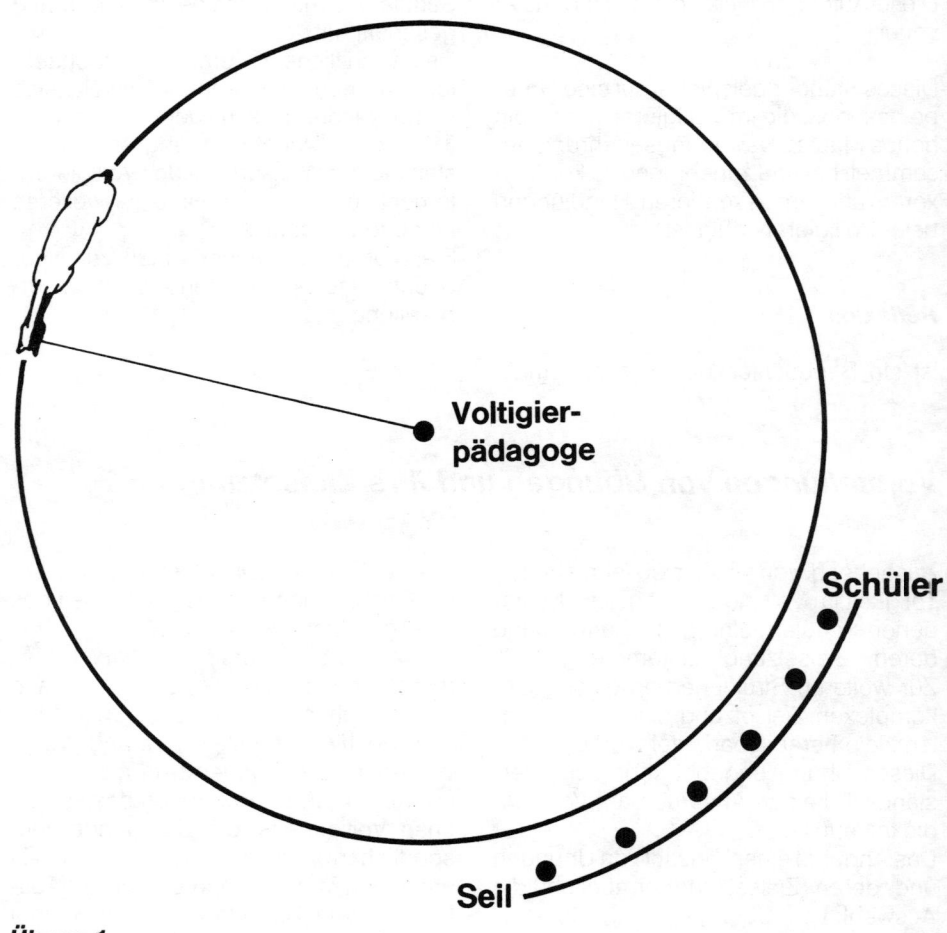

Übung 1

Feinlernziel:
Ordnungsbegriff: Reihe
Fortbewegungsarten Schritt, Trab, Galopp
Übungs-Beispiel:
Die Schüler bilden eine Reihe, zunächst mit Hilfe eines Seiles, und gehen linksherum auf dem Zirkel im Schritt. Das Pferd geht ebenfalls linksherum auf dem Zirkel im Schritt.
Aufbauende Übung:
— Schüler bewegen sich so wie das Pferd. Pferd bewegt sich abwechselnd im Schritt und Trab.
— Schüler bewegen sich ohne Seil so wie das Pferd. Pferd bewegt sich abwechselnd im Schritt und Trab, später auch im Galopp. Den Galoppsprung haben die Schüler vorher erlernt.

Übung 2
Zielsetzung:
Raum-Lage-Orientierung / Begriffsbildung

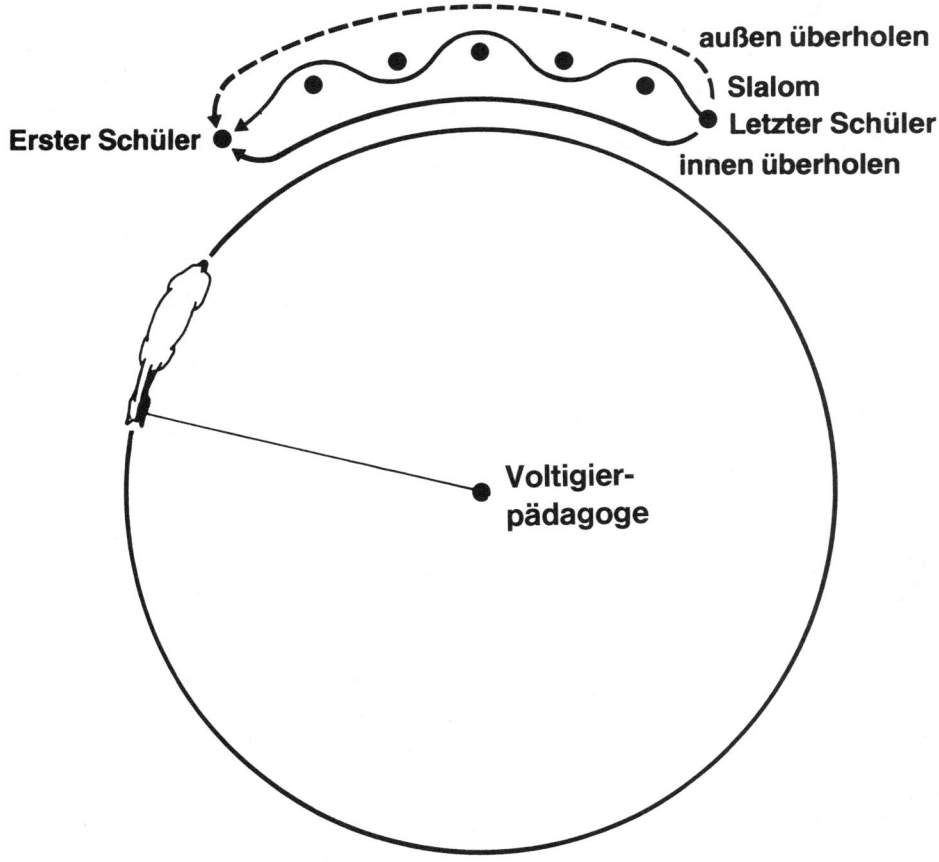

Übung 3

Feinlernziel:
Begriffe: innen-außen, in Beziehung zur Gruppe, die eine Reihe bildet.
Übungs-Beispiel:
Schüler und Pferd bewegen sich wie in Übung 1 und haben das Seil nur innen angefaßt. Der Helfer oder auch ein Schüler überholen die Reihe innen, dort wo das Seil ist. Der Begriff „innen" soll dabei häufig verwendet werden, damit den Schülern der Begriff „innen" bewußt wird. Genauso wird der Begriff „außen" eingeführt.
Aufbauende Übung:
— Ohne Seil läuft der Helfer oder auch ein Schüler „innen" oder „außen" an der Gruppe vorbei.
— Verschiedene Schüler werden aufgerufen mit der Anweisung „laufe innen an der Reihe vorbei". Genauso „außen".
— Schüler gehen oder laufen im Seitgalopp, mit dem Gesicht nach „innen" oder „außen".

Übung 3
Zielsetzung:
Raum-Lage-Orientierung / Begriffsbildung/Konzentration und Reaktion
Feinlernziel:
Begriff: „Erster" — „Letzter" und „innen überholen" — „außen überholen"
Übungs-Beispiel:
Schüler bilden eine Reihe und gehen linksherum auf dem Zirkel. Pferd geht ebenfalls im Schritt linksherum. Die Begriffe „Letzter" und „Erster" sollen in dieser Lernsituation erlebt und erfahren werden. Der „Letzte" in der Reihe wird aufgefordert, die Reihe zu überholen und dann als „Erster" zu gehen. Alle Schüler führen die Übung durch.
Aufbauende Übung:
— Der „Letzte" überholt die Reihe „innen" und geht dann als „Erster". Alle Schüler

führen diese Übung durch. Genauso „außen überholen" oder später „außen überholen" und „innen überholen" im Wechsel. Eine weitere aufbauende Übung ist „Slalom durch die Reihe".
— Nachdem der „Letzte" überholt hat und „Erster" ist, Gangart des Pferdes verändern. Die Schüler haben sich auf die Gangart des Pferdes einzustellen.

Übung 4
Zielsetzung:
Raum-Lage-Orientierung / Gesamtkörperkoordination
Feinlernziel:
Die eigenen Bewegungen auf ein stehendes/bewegliches Ziel orientieren (Pferd im Stand und in den verschiedenen Gangarten). Gezieltes Anfassen des Griffes.
Übungs-Beispiel:
Der Schüler geht dicht an der Longe auf das stehende Pferd zu und faßt mit der rechten Hand den Innengriff. Er geht dann mit dem Pferd im Schritt mit.
Aufbauende Übung:
— Der Schüler geht dicht an der Longe auf das im Schritt gehende Pferd zu und faßt mit der rechten Hand den Innengriff und geht mit.
— Der Schüler läuft im Trab dicht an der Longe auf das Pferd zu.
Pferd geht im Schritt, später im Trab und Galopp.
Schüler läuft in der gleichen Gangart mit.
— Die Schüler bilden eine Reihe und gehen linksherum auf dem Zirkel.
Das Pferd geht ebenfalls linksherum auf dem Zirkel im Trab, später im Galopp. Ist das Pferd mit der Hinterhand am ersten Schüler der Reihe vorbei, so läuft dieser an der Longe entlang, faßt den Innengriff und läßt — beim letzten Schüler der Gruppe angekommen —

wieder los und schließt sich als letzter an. Der erste der Gruppe beginnt wieder die Übung und führt sie durch. Die Übung ist beendet, wenn alle Schüler beteiligt waren.

Übung 5
Zielsetzung:
Raum-Lage-Orientierung / Gesamtkörperkoordination
Feinlernziel:
Den eigenen Bewegungsrhythmus mit dem Bewegungsrhythmus des Pferdes koordinieren.
Übungs-Beispiel:
Schüler läuft wie in Übung 4 an das im Schritt gehende Pferd heran und erfaßt mit der rechten Hand den Innengriff. Er erhält die Anweisung „zeige dein Innenbein", danach „zeige das Innenbein des Pferdes". Danach soll der Schüler sein Innenbein vorsetzen, wenn das Pferd das vordere Innenbein vorsetzt.
Im Anfang ist akustische Hilfe notwendig.
Aufbauende Übung:
— Den Bewegungsrhythmus im Trab aufnehmen und beibehalten, später im Galopp.

— Im Hauptteil:

Übung 1
Zielsetzung:
Gleichgewichtsbeherrschung/Angstbewältigung
Feinlernziel:
Gleichgewicht im Sitz halten in allen drei Gangarten und bei den Übergängen.
Übungs-Beispiel:
Der Schüler sitzt auf dem Pferd, welches sich im Schritt vorwärts bewegt. Nach einer Eingewöhnungszeit werden Freiübungen, wie zum Beispiel Armekreisen, Oberkörper-drehen, Hände-in-den-Nak-

ken-legen und Oberkörper-nach-innen-und-außen-drehen gefordert.
Durch die Freiübungen sollen Verkrampfungen und Verspannungen gelöst werden. Bei zunehmendem Selbstvertrauen des Schülers kann mit kurzen Trabphasen begonnen werden.
Kann der Schüler das Gleichgewicht im Schritt und Trab halten, so sollte mit seiner Zustimmung die erste Galoppade durchgeführt werden.
Bei zunehmender Sicherheit häufiger Wechsel der Gangarten.

Übung 2
Zielsetzung:
Begriffsbildung/Sprechbereitschaft
Feinlernziel:
Bewußtes Erleben der Bewegung des Pferdes, Benennung der Gangarten.
Übungs-Beispiel:
Der Schüler sitzt auf dem Pferd, die Gangarten werden laufend gewechselt. Der Schüler erhält die Information: „Du reitest im Schritt (Trab, Galopp)".
Aufbauende Übung:
— Der Schüler wird jeweils aufgefordert, die Gangart zu benennen.
— Der Schüler wünscht sich eine Gangart und soll jeweils sagen, ob das Pferd dann auch in der gewünschten Gangart geht.
Variation:
Die Gangarten des Pferdes können auch in den verschiedenen Situationen in der Aufwärmphase benannt werden.

Übung 3
Zielsetzung:
Aufbau von Vertrauen, Eingestehen und Überwinden von Ängsten, Gleichgewichtsbeherrschung
Feinlernziel:
Die Körperlage verändern, in „Bauchlage" und „Rückenlage" Balance halten.

Übungs-Beispiel:
Der Schüler sitzt auf dem stehenden Pferd. Er legt sich vornüber auf den Hals des Pferdes, die Arme umfassen den Pferdehals, er streichelt das Pferd.

Der Schüler legt sich aus dem Sitz auf dem stehenden Pferd nach hinten auf den Pferderücken und läßt die Arme herunterhängen.
Der Kopf ruht auf dem Pferderücken.
Aufbauende Übung:
— Der Schüler macht die gleichen Übungen im Schritt.
— Der Schüler schließt die Augen und überläßt sich dem Gefühl der Wärme und Bewegung des Pferdes (im Stand und Schritt).

Übung 4
Zielsetzung:
Körperbewußtsein/Begriffsbildung
Feinlernziel:
Rechts-Links-Orientierung am eigenen Körper.
Übungs-Beispiel:
Der Schüler sitzt auf dem Pferd, welches sich im Schritt vorwärts bewegt.
Er wird aufgefordert, den rechten und den linken Arm zu heben.
Aufbauende Übung:
— Mit der rechten Hand an das rechte Ohr, an das rechte Knie fassen.
  Später mit der rechten Hand an das linke Ohr, an das linke Knie fassen.
  Übungen können auch mit geschlossenen Augen wiederholt werden.

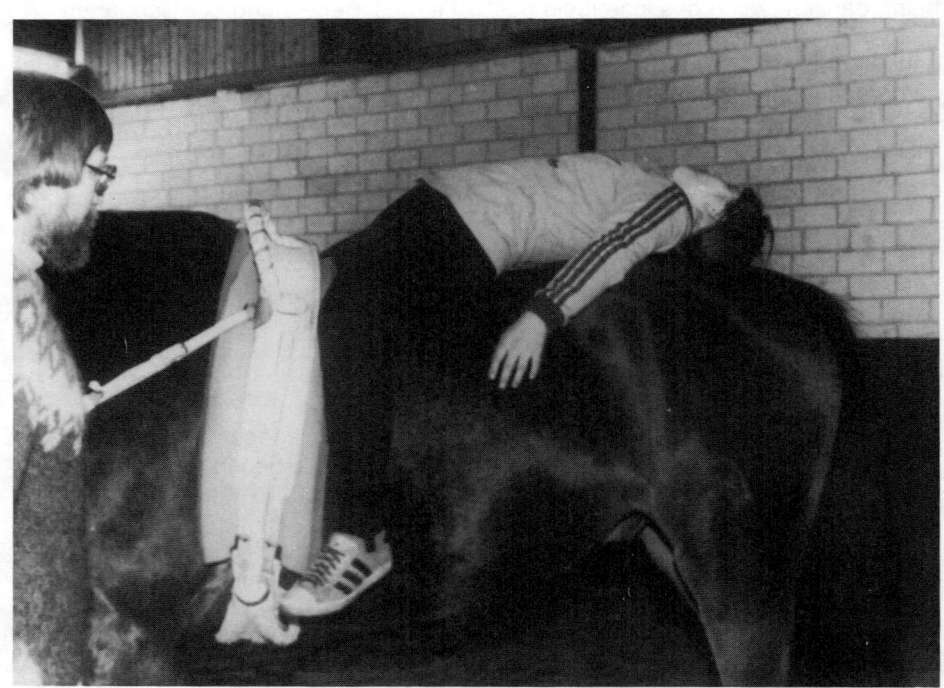

Sich aus dem Sitz zurücklegen, ist eine Vertrauensübung.

Die Balance im Innensitz gelingt bereits im Schritt.

Übung 5
Zielsetzung:
Raum-Lage-Orientierung / Gleichge-
wichtsbeherrschung
Feinlernziel:
Im Innensitz Balance halten.
Übungs-Beispiel:
Der Schüler sitzt auf dem stehenden
Pferd. Er schwingt das rechte Bein hoch
nach vorn und legt es auf den Pferdehals.
Danach das Bein wieder zurück, so daß
der Schüler wieder in den Sitz zurück-
kommt.
Gleiche Übung im Schritt.
Aufbauende Übung:
— Der Schüler sitzt auf dem stehenden

Pferd. Er schwingt das rechte Bein
nach vorn über den Pferdehals zum Innensitz. Die rechte Hand ist am Innengriff des Voltigiergurtes und die linke
Hand ruht auf der Pferdekruppe.
Das Pferd setzt sich nun zum Schritt in
Bewegung.
— Gleiche Übung mit geschlossenen Augen.
— Das Pferd bewegt sich im Schritt, während der Schüler vom Sitz zum Innensitz wechselt.
— Verschiedene Gangarten.
— Aus dieser Übung kann die „Mühle"
entwickelt werden. 7)

Übung 6
Zielsetzung: Überwinden von Ängsten/Gesamtkörperkoordination
Feinlernziel:
Absprung vom Pferd.

Übungs-Beispiel:
Schüler sitzt im Innensitz. Die rechte Hand am Innengriff und die linke Hand auf der Pferdekruppe. Pferd steht. Schüler gibt dem Helfer die linke Hand, damit die-

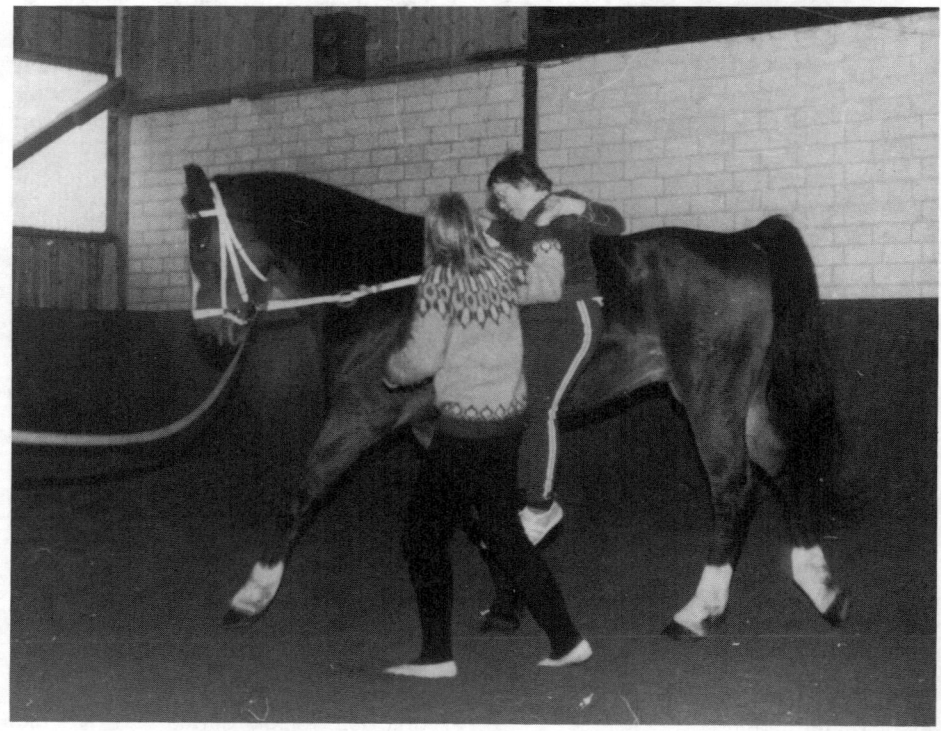

Die Schülerin wagt es, mit Hilfe vom Pferderücken auf den Hallenboden zu springen.

ser Hilfestellung geben kann und rutscht dann vom Pferd. Die Hand des Helfers soll dem Schüler Sicherheit vermitteln und gleichzeitig bei der Landung den Körper des Schülers in Gangrichtung des Pferdes drehen.
Aufbauende Übung:
— Schüler macht den Abgang ohne Hilfestellung.

— Abgang aus dem Innensitz mit Hilfestellung vom im Schritt gehenden Pferd.
— Abgang aus dem Innensitz ohne Hilfestellung vom im Schritt gehenden Pferd.
— Abgang vom Sitz ohne Unterbrechung, zuerst im Schritt, später im Galopp.

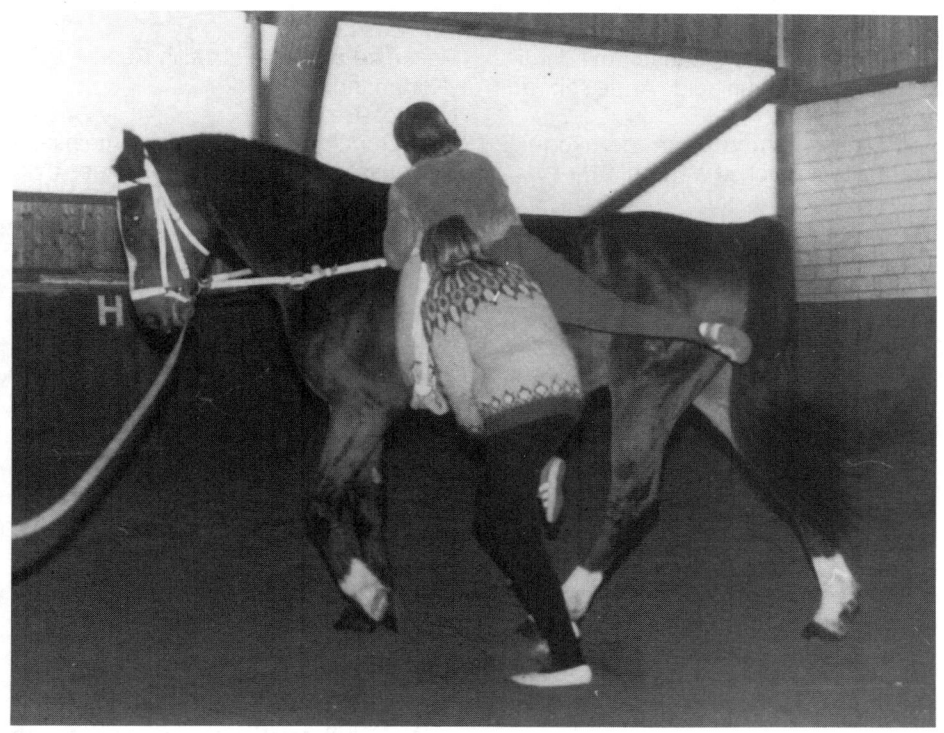

Diese beiden Schülerinnen haben sich so gut aufeinander eingestellt, daß sogar der Aufsprung im Schritt gelingt.

Übung 7
Zielsetzung:
Entwicklung und Förderung von kooperativem Verhalten/Gesamtkörperkoordination
Feinlernziel:
Gleichzeitiger gezielter Einsatz von Körperkraft, im Einklang mit der Bewegung des Pferdes.
Übungs-Beispiel:
Helfer oder Voltigierpädagoge hilft dem Schüler auf das stehende Pferd.
Aufbauende Übung:
– Ein Schüler hilft einem anderen Schüler auf das stehende Pferd.
– Gleiche Übung im Schritt, zuerst mit dem Helfer oder Voltigierpädagogen, danach mit Hilfe eines Schülers.
– Aus dieser Übung kann der Aufsprung entwickelt werden. 8)

Übung 8
Zielsetzung:
Gleichgewichtsbeherrschung
Feinlernziel:
Gleichgewichtsbeherrschung im Galopp ohne Festhalten mit den Händen.
Übungs-Beispiel:

Der Schüler sitzt auf dem galoppierenden Pferd. Er wird aufgefordert, mit der rechten Hand zu winken, danach mit der linken Hand und dann beide Arme seitwärts auszustrecken.

Aus dieser Übung kann der korrekte Grundsitz entwickelt werden. 9)

Übung 9
Zielsetzung:
Gleichgewichtsherrschung, Angstüberwindung
Feinlernziel:
Im Knien Balance halten.
Übungs-Beispiel:
Der Schüler sitzt auf dem stehenden Pferd. Er verlagert sein Körpergewicht etwas auf Arme und Hände und hebt das Gesäß vom Pferderücken. Er zieht sich hoch zum Knien.
Aufbauende Übung:
– Wenn er kniet, geht das Pferd im Schritt.
– Auch Übergang zum Knien im Schritt.
– Auf dem stehenden Pferd erst einen Arm, dann beide Arme seitwärts ausstrecken (Kniestand).
– Gleiche Übung im Schritt.
– Aus dem Knien linken Fuß über die Wirbelsäule des Pferdes legen, rechtes Bein herunterhängen lassen. Aus dieser Übungsreihe kann die Fahne entwickelt werden. 10)

Übung 10
Zielsetzung:
Kontaktaufnahme/Einstellung auf den Partner/Förderung kooperativen Verhaltens
Feinlernziel:
Reiten zu zweit/gleichzeitig Reaktion auf „Kommando".
Übungs-Beispiel:
Zwei Schüler reiten jeweils gemeinsam. Sie müssen sich vor dem Aufsteigen einigen, wer mit wem reiten will und wer vorne sitzen soll. Der vordere Schüler steigt im Stand (mit Hilfe) auf. Er faßt mit der linken Hand den Außengriff und führt den rechten Arm hinter dem Körper nach innen. Der hintere Schüler faßt mit der linken Hand den Innengriff und greift mit der rechten Hand um das Handgelenk des Vorderen, der auch sein Handgelenk umschließt. Er steigt mit Hilfe des Voltigierpädagogen oder Helfers und des vorderen Schülers auf. Der hintere Schüler umfaßt die Hüfte des Vorderen. Die Schüler reiten zunächst im Schritt. Auf Kommando des Voltigierpädagogen machen sie gleichzeitig Grundsitz.
Aufbauende Übung:
– Die Schüler sprechen sich selbst ab, gleichzeitig Grundsitz zu machen.
– Die Schüler reiten im Trab, später auch im Galopp.

Weiterführende Übungen:

P. Petersen, S. 30-107
U. Rieder, S. 99-119
U. Gast/B. Rüsing, S. 98-113
A. Martin, S. 108-129

Gudrun und Wilhelm Kaune

Das Heilpädagogische Reiten in einer schulischen Einrichtung für geistig Behinderte

Die von uns vorgestellte Möglichkeit des Heilpädagogischen Reitens (HPR) mit geistig Behinderten in einer schulischen Einrichtung beruht auf den Erfahrungen in der Heilpädagogischen Tagesbildungsstätte (TBST) der Lebenshilfe Gifhorn. In der TBST leisten schulpflichtige geistig behinderte Kinder und Jugendliche im Alter von 6-18 Jahren, in begründeten Fällen auch bis 21 Jahren, ihre Schulpflicht ab.

Das HPR wird hier seit mehr als 10 Jahren als Arbeitsgemeinschaft in der Abschlußstufe (ab 10. Schuljahr) durchgeführt. Die Erfahrungen in der schulischen Einrichtung werden ergänzt durch die Erfahrungen beim Reiten von geistig Behinderten in einem Reiterverein und den Erfahrungen bei Reiterfreizeiten, die von der TBST und ebenfalls vom Reiterverein durchgeführt wurden.

Ausgangssituation

Alle Schüler der Heilpädagogischen TBST bekommen mit Beginn ihrer Schulpflicht Heilpädagogisches Voltigieren (HPV) angeboten. Es ist fester Bestandteil des wöchentlichen Stundenplanes. Dieses bedeutet, daß die Schüler, die das HPR wählen, bereits jahrelang Kontakt und Erfahrung mit dem Pferd haben.

Folgende Gründe haben uns dazu veranlaßt, zum HPV auch das HPR im Abschlußstufenbereich anzubieten:

1. Die Erfahrung in der eigenen Familie mit unserem behinderten Bruder/ Sohn beim Reiten auf unseren Islandpferden und das Mitreiten im Reiterverein.
2. Das starke Bedürfnis unserer Schüler, das Pferd nach dem Voltigierunterricht trockenreiten zu können.
3. Die Erlebnisse mit unseren Schülern bei Freizeitmaßnahmen der TBST. Freizeitmaßnahmen führen die Klassen einmal im Jahr durch.

Die Grundlagen für das HPR wurden schon 1976 und in den folgenden 3 Jahren während der Freizeitmaßnahmen aller Schüler der TBST im Taunus gelegt. Dort haben wir damit begonnen, auf einer Wiese unsere Schüler auf Islandpferden zu führen. Der nächste Schritt bestand darin, daß Schüler andere Schüler führten. Das Führen auf der Wiese war aber nur die Eingangsphase. Nach einiger Zeit des Kennenlernens vertraute der Besitzer des Islandpferdehofes uns seine Pferde auch außerhalb des Hofes an. Mit drei Islandpferden und jeweils einer Klasse von etwa 8 Schülern gingen wir ins Gelände und unternahmen Wanderungen. Diese Wanderungen mit den Pferden hatten einen hohen Motivationswert.

Folgende Lernschritte wurden dabei vollzogen:

— Lehrer führen / Schüler reiten,
— Schüler führen / Schüler reiten,
— Lehrer gehen neben dem Pferd / Schüler reiten,
— Schüler gehen neben dem Pferd / Schüler reiten,
— Schüler reiten unter Aufsicht allein.

Die Gangarten waren zunächst nur Schritt, später dann kurze Strecken auch Trab.

Wandern mit den Islandpferden im Taunus.
Die Anfänge des Heilpädagogischen Reitens während der Freizeitmaßnahmen
der Schüler.

Ein weiterer Schritt war auch das Handpferdereiten. Der Behinderte ritt auf dem Handpferd.

Für das HPR als Unterrichtsangebot haben wir uns schließlich entschieden, weil immer wieder Schüler mit dem Wunsch, „selbständig zu reiten", an uns herangetreten sind und wir zu dem Voltigieren weitere Förderungsschwerpunkte setzen wollten.

Den intensiven Einsatz des Pferdes in der schulischen Förderung haben wir pädagogisch damit begründet, daß sich das HPV und HPR von anderen schulischen Veranstaltungen dadurch unterscheiden, daß hier ein Kontakt, eine Begegnung mit noch einem anderen Lebewesen als dem Menschen als Partner stattfindet. Es wird kein „totes" Material als Förderungsmittel eingesetzt, sondern ein lebendiges Medium mit eigenen Gefühlsäußerungen und eigenem Willen. Der Umgang mit dem Lebewesen „Pferd" fordert vom Schüler ein hohes Maß an Behutsamkeit und Verantwortung.

Der Schüler erfährt dabei, daß ihm der Umgang mit dem Pferd, das Voltigieren und das Reiten viele Erlebnisse beschert und viel Freude vermittelt.

Das Heilpädagogische Reiten als

Abschlußstufe

Schwerpunkt der pädagogischen Bemühungen

„Arbeit" und

Gruppenübergreifende
(von den Schülern

**3 Praktika in der Werkstatt
für Behinderte**
(wenn möglich auch in
anderen Betrieben)

Vorbereitung

auf

Arbeit und

Beruf

Betriebsbesichtigungen
— Industrie — Coca-Cola
              — Volkswagen
— Landwirtschaft
   — Bauernhof
   — Molkerei
   — Schlachterei
   — Mühle — Bäckerei
— Wald
   — Sägewerk — Tischlerei

AGs
— Arbeiten mit Holz
— Hauswirtschaftliche
   Tätigkeiten
— Handarbeit
   (nähen, stricken)
— Gartenpflege

Arbeitsgemeinschaft im Abschlußstufenbereich

(10.-12. Schuljahr)

in den lebensorientierten Lernbereichen

„Freizeit"

Arbeitsgemeinschaften
halbjährlich gewählt)

| Möglichkeiten

zur sinnvollen

Freizeitgestaltung ————— **AGs**
— Basteln, zeichnen, ma-
aufzeigen len
— Marionettenbau
— Theater
— Töpfern
— Fotografieren
— Tanzen
— Reiten
— Fahrrad

|

Projekte/Projekttage
Tümpelsanierung
(Naturschutzarbeit)
Anlegen eines Gartens
Bewegungsbaustelle anfertigen
Fahrradführerschein
Kleines Hufeisen
Ski-Langlauf

Das HPR wird neben anderen Arbeitsgemeinschaften (AG's) ab dem 10. Schuljahr angeboten.
Mit Einführung der Reit-AG wurde für die TBST im Abschlußstufenbereich kein HPV mehr angeboten. Nachdem sowohl Schüler als auch Kollegen immer wieder den Wunsch äußerten, auch im Abschlußstufenbereich das HPV wieder einzuführen, wurde nach zweijähriger Unterbrechung auch für die Abschlußstufenschüler das HPV wieder angeboten.

Es sind klassenübergreifende AG's, die Schüler entscheiden unter den angebotenen AG's (zum Beispiel: Werken, Reiten, Fotografieren), an welcher sie teilnehmen wollen. Diese Entscheidung gilt für ein halbes Jahr, danach wird neu gewählt. Die Schüler können die gleiche oder eine andere AG neu wählen.
Durch die selbständige Wahlmöglichkeit wollen wir die Entscheidungsbereitschaft und die Entscheidungsfähigkeit weiterentwickeln.
Die Inhalte der AG's beziehen sich auf die in den „Empfehlungen für den Unterricht in der Schule für Geistigbehinderte" (KMK-Empfehlungen) angegebenen Richtziele:
„Fähigkeit, in Arbeit und Beruf tätig zu sein" 11) und
Fähigkeit, Freizeit in ihren verschiedenen Möglichkeiten zu erfahren". 12)

Zu den KMK-Empfehlungen wurden zur weiteren inhaltlichen Begründung für das HPR in der Tagesbildungsstätte der bayrische „Lehrplan Werkstufe der Schule für geistig Behinderte" hinzugezogen, sowie die Abschlußstufenüberlegungen in Niedersachsen.

Der Bildungsauftrag der Abschlußstufe in Niedersachsen (10.-12. Schulbesuchsjahr) besteht darin, die Jugendlichen mit geistiger Behinderung auf ihr Leben als Erwachsene vorzubereiten. Sie verwirklicht den Bildungsauftrag dadurch,
— daß sie die „Bildungsbemühungen der vorangegangenen Schulstufen fortsetzt und ergänzt",13)
— daß sie „das Hineinwachsen der Jugendlichen in die Erwachsenenwelt unterstützt und sie vorbereitet auf die Lebenssituationen, in die sie als Erwachsene gestellt sein werden".14)

Den Lernzielen der niedersächsischen Rahmenrichtlinien für die Abschlußstufe sind sechs Lebensbereiche zugeordnet:

— Ich-Erfahrung,
sich selbst verwirklichen und Lebensfreude und Bestätigung empfinden...
— Wohnen,
die Bindung zur Familie neu gestalten und in anderen Wohnmöglichkeiten und -formen leben können...
— Freizeit,
freie Zeit nach eigenen Bedürfnissen gestalten, Freizeit- und Erholungsangebote auswählen und nutzen...
— Arbeit und Beruf,
Arbeit übernehmen und dabei persönliche Befriedigung erfahren...
— Öffentlichkeit,
sich in der Öffentlichkeit orientieren, bewegen und öffentliche Einrichtungen in Anspruch nehmen...
— Umwelt und Umweltschutz,
sich der Umwelt gegenüber verantwortungsbewußt verhalten...

Die lebensorientierten Lernbereiche „Arbeit und Beruf" und „Freizeit" sind in der TBST Gifhorn folgendermaßen organisiert und begründen somit auch das HPR als AG in der schulischen Einrichtung für geistig Behinderte.

Zielsetzungen und Lernprozesse beim Heilpädagogischen Reiten (HPR)

Zielsetzungen

Bevor man beginnt, Lernprozesse durch das HPR in Gang zu bringen, ist es notwendig, sich über die pädagogischen Intentionen und Zielsetzungen klar zu werden. Erst danach ist es sinnvoll, Vorgehensweise und Organisationsform zu überlegen, durchzuführen und die Ergebnisse auszuwerten.
Lernziele beschreiben die erwünschten Fähigkeiten, über die der Lernende am Ende des Lernprozesses verfügen sollte. Das HPR in der TBST Gifhorn ist schwerpunktmäßig dem lebensorientierten Lernbereich **Freizeit** zugeordnet.
Um die Freizeit als selbstbestimmende Lebensgestaltung erfahren und nutzen zu können, sind bestimmte Fähigkeiten notwendig. Das HPR kann dazu beitragen, diese Fähigkeiten zu erwerben und zeigt gleichzeitig eine Freizeitmöglichkeit für den geistig Behinderten auf.
Die folgende Aufstellung zeigt einige der wichtigsten Zielsetzungen, die durch das HPR erreicht werden sollen:

Zunahme von Selbständigkeit und Unabhängigkeit:
– Selbst-Bestimmen,
– Sich-Entscheiden,
– Selbst-Handeln.

Zunahme von psychischer Stabilität:
– Selbstsicherheit / Selbstbewußtsein,
– Angstbewältigung,
– Frustrationstoleranz.

Erweiterung von sozialer Kompetenz:
– Verantwortungsbewußtsein,
– Beziehungsbereitschaft,
– Beziehungsfähigkeit,
  * empfindsam,
  * behutsam,
  * einfühlsam,
– Dialogbereitschaft,
– Dialogfähigkeit.

Zunahme von Handlungskompetenz:
– Kenntniserwerb,
– Handlungsbereitschaft,
– Handlungsfähigkeit.

Erfahren von Freizeitmöglichkeiten:
– Bedürfnisse erkennen und befriedigen,
– Interessen äußern und wahrnehmen,
– Vorlieben kennen und verwirklichen.

Lernprozesse

Schon durch die Unterrichtsorganisationsform „klassenübergreifende freiwillige Arbeitsgemeinschaft" wird, bedingt durch die verschiedenen AG-Angebote, eine Wahlentscheidung gefordert. Der Behinderte muß sich entscheiden. Auch ergeben sich andere Gruppenkonstellationen. Es kommen andere Schüler als in der Klassengemeinschaft zusammen. Der einzelne Schüler muß sich auf eine andere Gruppensituation einstellen und sich mit neuen Gruppenprozessen auseinandersetzen. Eine Zunahme von Selbständigkeit wird angebahnt und gefördert. Diese findet ihren Ausdruck in der Selbstbestimmung, in der Fähigkeit des

Entscheidens und des Selbst-Handelns. Ebenfalls werden neue Kommunikations- und Beziehungsmöglichkeiten eröffnet. In unseren konzeptionellen Überlegungen für das HPR gehen wir davon aus, daß sich im Vergleich zum HPV für den Behinderten neue, andere Entwicklungsimpulse und Sozialisationsprozesse ergeben. Schon die Vorbereitung des Pferdes für das Reiten fordert mehr Selbstorganisation.

Durch den Umgang und die Pflege erlebt der Schüler Reaktionen des Pferdes und wird sensibel für Verhaltensweisen und Eigenarten seines Partners „Pferd". Er übernimmt Verantwortung für dessen Wohlergehen. Dabei erlebt er, daß sein Partner ihm mit Kontaktbereitschaft, Zuwendung und Bereitschaft ihn zu tragen, dankt. Beim selbständigen Reiten ist er nicht mehr an der Longe, er muß sich auf der Grundlage der Zweierbeziehung mit seinem Partner Pferd arrangieren und sich in das andere Lebewesen „einfühlen". Der Schüler wird bei fortschreitender Bewegungsharmonie mit dem Pferd immer unabhängiger vom Reitpädagogen. Seine Handlungsfähigkeit nimmt zu.

Aufgabe des Reitpädagogen ist es, dem Schüler Hilfen zu geben, damit er eine Verständigungsmöglichkeit mit dem Pferd findet. Ein Bewegungsdialog zwischen Reiter und Pferd entsteht.

Dieses Erlebnis von Rhythmus, Schwung, Bewegungsgleichklang und Unabhängigkeit verschafft dem Schüler innere Befriedigung und Ausgeglichenheit.

Der Umgang mit dem Pferd, die Vorbereitung für das Reiten und das Reiten als gemeinsame Bewegungsaufgabe von Reiter und Pferd fordern ständige Aufmerksamkeit und Konzentration. Sie verlangen immer wieder selbständige und überlegte Handlungen.

Der Reitpädagoge übernimmt dabei nur die Rolle des Vermittlers, des Helfers. Er gibt „Hilfe zur Selbsthilfe". Der Behinderte lernt, sinnvoll mit sich selbst und dem Pferd umzugehen und entwickelt dadurch eine innere Selbstsicherheit. Er bringt sich ins Gleichgewicht und hält sich im Gleichgewicht. Seine psychische Stabilität nimmt zu, und seine Handlungsfähigkeit erweitert sich.

Ziele und Lernprozesse im Freizeitbereich

Durch die Lernprozesse beim HPR werden Fähigkeiten angebahnt und entwikkelt, die dem geistig Behinderten ermöglichen, sich als handelnder und erlebender Mensch zu erfahren und zu verwirklichen. Es ist pädagogischer Auftrag der Schule, den geistig Behinderten zur „Selbstverwirklichung in sozialer Integration" 15) zu führen.

Dabei ist auch an Freizeit als ein entscheidender Bereich für selbstbestimmende Lebensgestaltung, Lebenszufriedenheit, persönliche Entfaltungsmöglichkeit und soziale Eingliederung gedacht.

Die Abschlußstufe der Schule für Geistigbehinderte soll den Schüler mit solchen Freizeitangeboten vertraut machen, die für sein Freizeitverhalten außerhalb der Schule von Bedeutung sind und seinen Neigungen entsprechen.

Das Reiten, neben anderen Arbeitsgemeinschaften als Angebot in der Schule, ermöglicht den Behinderten Bedürfnisse, Interessen und Vorlieben zu erkennen, um so seine eigenen, persönlichen Freizeitmöglichkeiten zu entdecken.

Frei-Zeit gewinnt ihre Bedeutung durch die freie Wahl und eigene Entscheidung, durch die zeitliche und organisatorische Abgrenzung zu Schule und Arbeit. Der geistig Behinderte soll Frei-Zeit als Bereich selbstbestimmter Lebensgestaltung erkennen. Der Unterschied zwischen Schul-/Arbeitszeit und Freizeit sollte deutlich wahrgenommen werden. Der Behinderte soll erfahren, daß es Möglichkeiten gibt, seine Freizeit nach eigenen Wünschen und Bedürfnissen, nach Spaß und Freude zu gestalten. Das Angebot der AG's ist eine Form des selbstbestimmten Auswählens.

Als weiterer Schritt ist es Aufgabe der Abschlußstufe, die Freizeitmöglichkeiten außerhalb der Schule aufzuzeigen, zu verwirklichen, zu begleiten und zwar gemeinsam mit Nichtbehinderten. Der Reitsport bietet diese Chance beim gemeinsamen Voltigieren und Reiten im Verein. Behinderte und Nichtbehinderte lernen sich kennen und entdecken gemeinsame Handlungsmöglichkeiten. Das gemeinsame Tun eröffnet sowohl Behinderten als auch Nichtbehinderten neue Lebens- und Entwicklungschancen. Der Partner „Pferd" leistet somit seinen Beitrag für die soziale Integration des Behinderten in unsere Gesellschaft.

Voraussetzungen für die Durchführung des Heilpädagogischen Reitens

Die Reithalle – der Reitplatz

Wünschenswert ist es, wenn sowohl die Reithalle als auch der Reitplatz im Freien mit Begrenzung zur Verfügung stehen. Ist eine Halle vorhanden, kann unabhängig von Witterungseinflüssen regelmäßig geritten werden.

Zu Beginn des HPR sollte zunächst in der Reithalle begonnen werden, da die Halle vielen Behinderten mehr Sicherheit vermittelt. Die Meinung, daß nach Möglichkeit nur in der Halle HPR durchgeführt werden soll, da die Ablenkung von Pferd und Reiter, sowie die Unfallgefahren durch entsprechende Umwelteinflüsse geringer sind, können wir nicht teilen. Je nach Wetterlage sollte die Entscheidung für Halle oder Außenplatz vorgenommen werden. Bei schönem Wetter ist dem Reiten draußen auf dem Platz Vorrang zu geben.

Störfaktoren können in der Halle und auf dem Außenplatz auftreten, sie sind nur unterschiedlicher Art. Ein Pferd, das bei unvorhersehbaren äußeren Einflüssen mit Scheuen oder Durchgehen reagiert, ist unseres Erachtens für das HPR nicht geeignet.

Der Boden der Halle und des Reitplatzes sollte den reiterlichen Anforderungen entsprechen. Er muß eben und trittfest, weder zu tief noch zu fest sein.

Das Reitpferd und seine Ausrüstung

Der Erfolg des HPR hängt wesentlich vom Pferd ab. Ein einwandfreier Charakter ist Grundvoraussetzung. Das Pferd muß zuverlässig, ruhig und gutmütig, darf aber nicht abgestumpft sein. Ein waches, gehfreudiges, gutmütiges Pferd mit schwingendem Rücken, abgerundeten Bewegungen und taktreinen Gängen, mit weichen Übergängen zwischen Schritt, Trab und Galopp, entspricht den Idealvorstellungen. Plötzlich auftretende Einflüsse aus der Umwelt dürfen es nicht erschrecken. Eine gewisse Unbekümmertheit ist notwendig. Zu stürmische oder phlegmatische Pferde eignen sich nicht für das HPR.

Auf die häufige Frage, welche Pferderasse sich für das HPR am besten eignet, lautet unsere Antwort: Nach unseren eigenen Erfahrungen und den Informationen anderer Reitpädagogen eignen sich Pferde und Ponys aller Rassen für das HPR.

Die Ausrüstung unserer Pferde besteht aus der Trense mit hannoverschem oder kombiniertem Reithalfter sowie dem Vielseitigkeitssattel. In der Regel werden sie auf beiden Seiten mit gleichlangen Ausbindezügeln ausgebunden, um die noch mangelnde Einwirkung durch den behinderten Schüler auf das Pferd auszugleichen.

Der Schüler, die Gruppe, die Ausrüstung des Reiters

Wie schon erwähnt, ist es die eigene Entscheidung der Schüler, am HPR teilzunehmen. Hat er sich dann für die AG-Reiten entschieden, muß er auch ein halbes Jahr dabeibleiben. Mehr als 8 Schüler nehmen wir nicht in die Reit-AG. Schüler mit schweren geistigen Behinderungen haben bisher nicht an der Reit-AG teilgenommen, für sie betrachten wir das HPV als geeignete Maßnahme.

Für das HPR stehen uns 4 Pferde zur Verfügung.

Bei 8 Schülern teilen sich je 2 Schüler ein Pferd. Welches Pferd der einzelne Schüler reitet, überlegen wir, der Reitpädagoge, der oder die Helfer und der Schüler gemeinsam. Es fließen sowohl die Wünsche des Schülers als auch unsere Vorstellungen in die Entscheidung mit ein. Der Schüler reitet während des halben Jahres das gleiche Pferd, ein Pferdewechsel in dieser Zeit ist die Ausnahme. Da jedes Pferd in seinen Bewegungen und seinem Temperament etwas anders ist, würde in der Regel die Umstellung des Behinderten auf ein bisher fremdes Pferd ihm zunächst Einstellungsschwierigkeiten bereiten und ihn eventuell überfordern.

Für die Reitausrüstung des Schülers ist nur die nach DIN vorgeschriebene bruch- und splittersichere Reitkappe mit Drei-Punkt-Kinnriemen-System akzeptabel. Wir sind zusätzlich bestrebt, daß die Schüler Reitstiefel und Reithose oder Gymnastikhose tragen.

Der Reitpädagoge und der/die Helfer

Die erfolgreiche Durchführung des HPR mit geistig Behinderten hängt entscheidend von der Person ab, die die Maßnahme plant und durchführt. Es müssen deshalb besondere Anforderungen an sie gestellt werden. Die durchführende und verantwortliche Person, ob Mann oder Frau, muß deshalb ein qualifizierter Pädagoge, Pferdefachmann und Reitausbilder sein.

Als Pädagoge muß er ein gutes Einfühlungsvermögen und viel Geduld haben, um den erschwerten Lernmöglichkeiten der geistig Behinderten gerecht zu werden. Lernausgangslage und Leistungsvermögen jedes einzelnen Schülers muß er genau kennen, um seine Hilfen entsprechend geben zu können. Bei auftretenden Schwierigkeiten muß er dem Behinderten Mut machen und Wege zur Überwindung aufzeigen. Der Reitpädagoge hat bei seinem Handeln stets daran zu denken, daß Lob und Bekräftigung außerordentlich wichtig für den Behinderten sind und negative Kritik ihn nur entmutigt und blockiert. Mit dem Gefühl des Erfolgserlebnisses sollte der Schüler die Reitstunde beenden und sich auf die nächste freuen.

Im Umgang mit den Pferden muß der Reitpädagoge Sicherheit ausstrahlen, denn seine Sicherheit überträgt sich auf die Schüler. Seine Aufgabe ist es, den Schülern Kenntnisse und Fertigkeiten im Umgang mit dem Pferd zu vermitteln, dazu ist ein hohes Maß an Sachkenntnis und Pferdeverständnis notwendig. Dieses kann nur in langjährigem Umgang mit dem Pferd und entsprechender Ausbildung erworben werden. Ein qualifizierter Ausbilder ist auch der wirksamste Faktor für die Minderung der Unfallrisiken beim Reiten. In der Ausbildungs- und Prüfungsordnung der Deutschen Reiterlichen Vereinigung (FN) ist deshalb für den Reitpädagogen die pädagogische/psychologische Berufsausbildung, die Reitausbilderqualifikation und die Zusatzausbildung des Deutschen Kuratoriums für Therapeutisches Reiten (DKThR) festgelegt.

Beim HPR, wie wir es durchführen, sind mindestens ein Helfer, je nach Behinderung der Schüler, auch zwei Helfer notwendig. Ein weiterer Helfer ist eventuell für die Betreuung und Förderung eines einzelnen Behinderten zusätzlich erforderlich.

Aufgabe des Helfers ist es, den Reitpädagogen zu unterstützen und dem Schüler bei einzelnen Aufgaben behilflich zu sein. Der Helfer sollte über grundlegende Kenntnisse der Pferdepflege und -haltung verfügen, sowie das Artverhalten von Pferden kennen. Im Umgang mit Pferden muß er sicher sein.

Wünschenswert ist es, wenn der Helfer selbst reiten kann und Pädagoge ist. Geduld und Engagement im Umgang mit dem Behinderten und dem Pferd sind unbedingte Voraussetzungen.

Die praktische Durchführung der AG-Reiten

Die AG-Reiten dauert bei uns 2 1/4 Stunden (9.30-11.45 Uhr) ohne An- und Abfahrt und ist organisatorisch in 4 Bereiche gegliedert:

– Vorbereitung des Pferdes für das Reiten,
– selbständiges Reiten,
– Versorgen des Pferdes nach dem Reiten,
– Stalldienst und weitere Aufgaben.

Diese Aufzählung stellt keine Reihenfolge dar.

Grundvoraussetzungen für die AG sind die selbständige, freiwillige Entscheidung, die vorherige Voltigiererfahrung und das sichere, freihändige Sitzen in der Gangart Schritt ohne Sattel beim Voltigieren, nach Möglichkeit auch im Trab und Galopp und natürlich das Interesse am Lebewesen Pferd.

Das selbständige Reiten versuchen wir in Anlehnung an die klassische Reitweise zu vermitteln.

Vorbereitung des Pferdes für das Reiten

Die Vorbereitung für das Reiten beginnt damit, daß das Pferd aus dem Stall, bzw. von der Weide geholt, geputzt, gesattelt, getrennt und in die Halle oder auf den Außenplatz geführt wird. Das Fegen des Putzplatzes gehört ebenfalls dazu. Bei diesen Aufgaben gibt der Reitpädagoge oder der Helfer, dort wo erforderlich, die entsprechende Hilfestellung. An der Vorbereitung sind alle Schüler der AG, der Reitpädagoge und die Helfer beteiligt. Bei 8 Schülern bedeutet dieses, daß jeweils 2 Schüler sich um ihr Pferd kümmern.

Putzen, Satteln und Trensen als Vorbereitung für das Reiten.

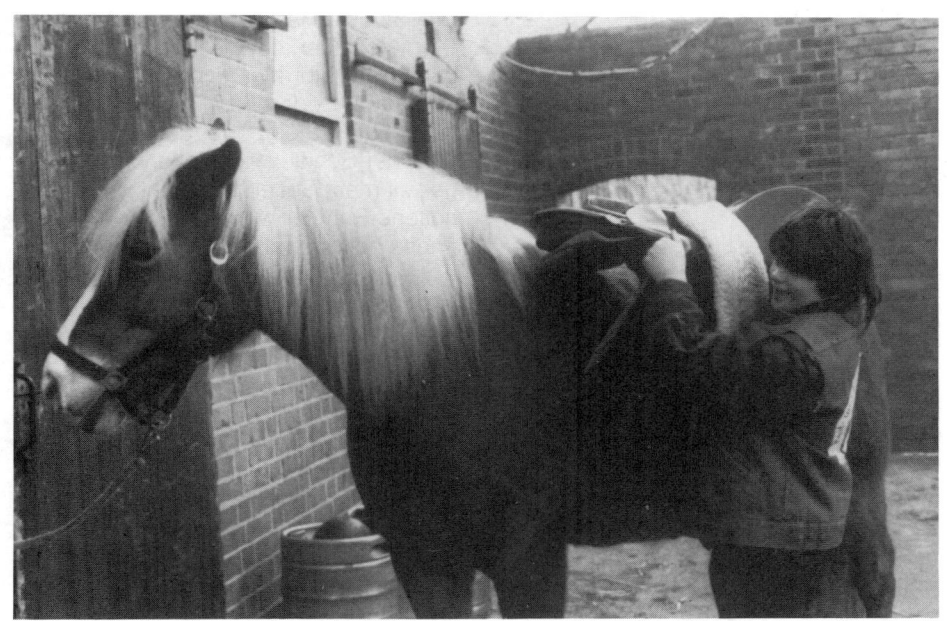

Das Selbständige Reiten

Nachdem das Pferd auf die Mittellinie der Reitbahn geführt ist, beginnen die erforderlichen Tätigkeiten wie Herunterziehen der Steigbügel, Einstellen der richtigen Bügellänge und das vorsichtige Nachgurten.

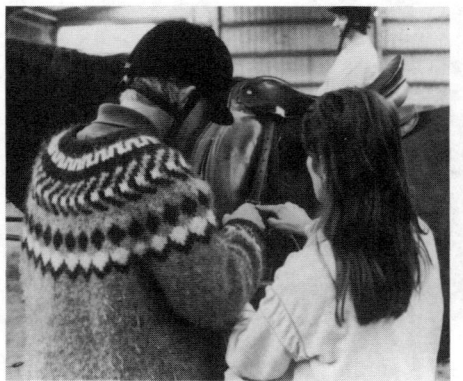

Mit Hilfe der Reitpädagogin stellt der Schüler seine Bügellänge ein.

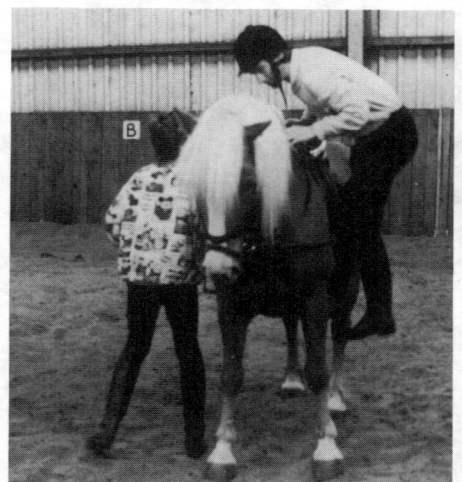

Ein Mitschüler gibt hier Hilfestellung beim Aufsitzen.

Die nächste Handlung ist das Aufsitzen. Der Mitschüler, der Helfer oder der Reitpädagoge gibt hier Hilfestellung, indem er je nach Bedarf das Pferd festhält und am rechten Steigbügel gegenhält, während der Schüler, den linken Fuß im Bügel, sich am Sattel hochzieht. Nur unbeholfene Schüler werden in der Anfangsphase hochgehoben.

Ist der Schüler auf dem Pferd, beginnt das Bewegungserlebnis und die Bewegungserfahrung auf dem Pferderücken. Aufgabe des Reitpädagogen ist es, Hilfen zu geben, damit es zur Verständigung zwischen Reiter und Pferd und somit zu einem Bewegungsmiteinander kommt. Die Hilfen des Reitpädagogen, modifiziert und ausgerichtet auf den einzelnen geistig Behinderten, bauen auf die Grundübungen der klassischen Reitlehre auf.

Die Verständigung zwischen Reiter und Pferd gelingt bei diesen Schülern bereits.

Die AG-Reiten hat sich nun in zwei Gruppen aufgeteilt. Während die eine Gruppe reitet, ist die andere Gruppe mit dem Stalldienst oder anderen Aufgaben beschäftigt. Nach 45 Minuten wird der Wechsel vorgenommen.

Nun ist die zweite Gruppe mit dem Reiten an der Reihe, der Wechsel wird vorgenommen.

Den Bereich Stalldienst hatten wir in der Anfangszeit unseres AG-Angebotes nicht mit eingeplant. Während eines einwöchigen Projektes zum Erwerb des „Kleinen Hufeisens" haben unsere Schüler den Wunsch geäußert, auch den Stall auszumisten. Sie wollten alles, was im Zusammenhang mit dem Pferd notwendig ist, lernen.

Seit dieser Zeit gehören der Bereich Stalldienst und weitere Aufgaben mit zum AG-Programm.

Versorgen des Pferdes nach dem Reiten

Das Führen des Pferdes in die Stallgasse, absatteln, abtrensen, Hufe auskratzen, Halfter anlegen, Trense reinigen, Sattel auf den Ständer heben, Pferd in den Stall oder auf die Weide führen, füttern, dieses alles sind Aufgaben nach dem Reiten.

Bei diesen Aufgaben sind wieder alle AG-Teilnehmer beteiligt. Beginnt die Versorgung der Pferde, ist der Stalldienst beendet.

Stalldienst und weitere Aufgaben

Neben dem Umgang mit dem Pferd und dem Reiten ist der Stalldienst eine weitere sinnvolle Aufgabe für die Schüler. Sie erfahren, daß Arbeiten im Stall, wie Ausmisten und Einstreuen, notwendig und wichtig für das Wohlergehen der Pferde sind. Sie sind deshalb bereit, diese Arbeiten und zusätzliche Verantwortung für das Pferd zu übernehmen. Der Helfer gibt dabei die Anleitung und unterstützt den Schüler. Durch seine Mithilfe lernt er die verschiedenen Stallgerätschaften und deren Funktion kennen. Mit fortlaufender Übung und Erfahrung beherrschen die meisten Schüler bald den Stalldienst selbständig. Die Aufgabe des Helfers besteht dann hauptsächlich in der Unterstützung und Hilfestellung der Schüler, die wegen ihrer besonderen Behinderung mehr Betreuung und Förderung benötigen.

Der Arbeitseinsatz und die Verantwortung für den Stalldienst ist bei unseren Schülern hervorragend.

Zu den weiteren Aufgaben gehören auch die Fütterung der Pferde, Lederpflege und kleinere Reparaturen im Stall.

Auch die Arbeit im Stall und auf dem Hof wird verantwortungsbewußt wahrgenommen und macht außerdem noch Spaß.

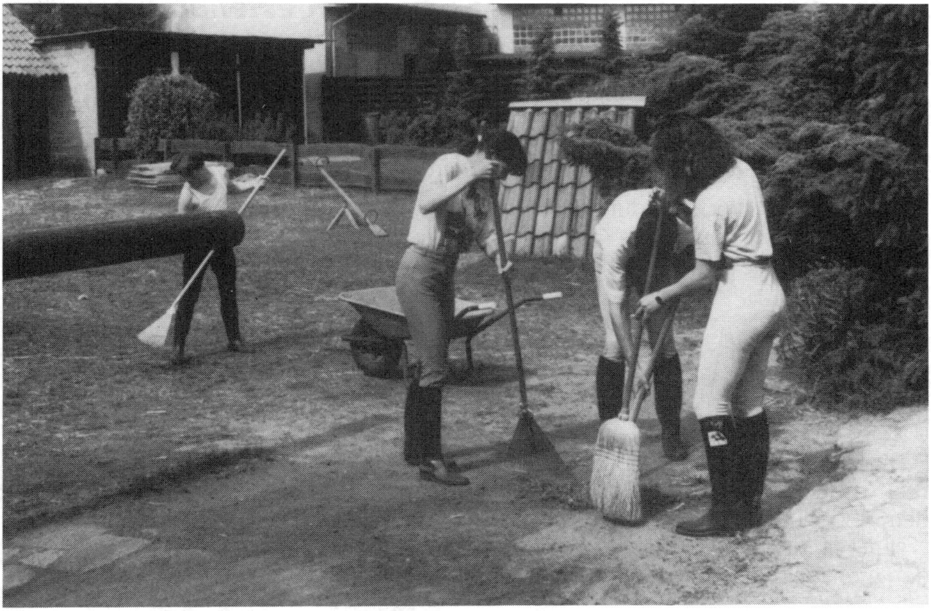

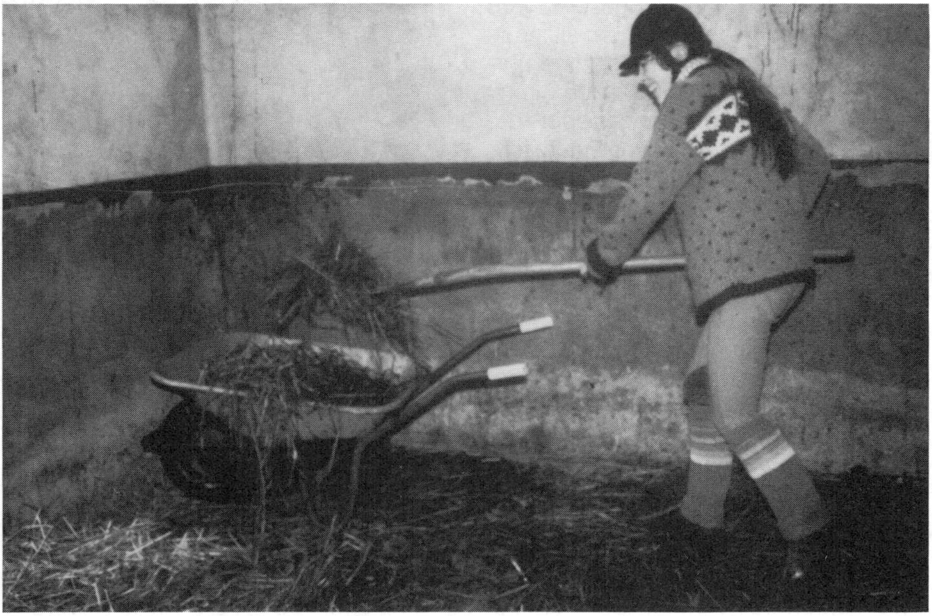

Methodischer Aufbau für das Selbständige Reiten mit geistig behinderten Schülern

Ausgehend von der Lernausgangslage der Schüler, die bereits Grunderfahrungen am und auf dem Pferd durch das HPV erworben haben, baut unser Konzept auf folgenden Teilzielen und methodischen Übungsreihen auf.

Teilziel: Sitz des Reiters im Schritt

Übungsreihe:
Hat der Schüler nach dem Aufsitzen im Sattel Platz genommen, wird die Länge der Steigbügel überprüft und werden die ersten Hilfen gegeben, damit der Schüler den richtigen Sitz auf dem stehenden Pferd findet.
Erst dann wird zur Gangart Schritt übergegangen. Je nach Leistungsstand wird der auf dem schreitenden Pferd sitzende Schüler zunächst mittels eines Führstricks geführt. Diese Aufgabe übernimmt entweder der Reitpädagoge oder der Helfer, sie kann aber auch von einem fortgeschrittenen Mitschüler wahrgenommen werden. Das Führen im Schritt erfolgt zuerst ohne Zügelhaltung des Reitenden und kann in der Abteilung oder als Einzelübung durchgeführt werden.
In der Anfangsphase ist der Sitz im Sattel noch ungewohnt und es können Gleichgewichtsschwierigkeiten auftreten, deshalb werden dem Schüler Möglichkeiten des Festhaltens in der vorderen Sattelkammer gezeigt. Hat er seine Schwierigkeiten überwunden und kann geradeaus und in den Wendungen im Sattel aufrecht und entspannt mit und ohne Bügel sitzen, werden die Zügel aufgenommen.
Beim Finden der sicheren Balance und

des korrekten Sitzes unterstützt der Reitpädagoge durch verbale und direkte Hilfen, wie zum Beispiel Verändern der Lage und Haltung des Körpers oder Berühren einzelner Körperteile.

Durch Berühren der einzelnen Körperteile gibt die Reitpädagogin Unterstützung beim Finden des korrekten Sitzes.

Teilziel: Zügel aufnehmen

Übungsreihe:
Ist es gelungen, dem Schüler einen sicheren, freien Sitz zu vermitteln, werden

die Zügel aufgenommen. Die Aufnahme der Zügel und die richtige Handhaltung sollten schon vorher, ehe der Schüler auf dem Pferd damit beginnt, geübt werden. Bevor der Schüler die korrekte Zügelhaltung nicht beherrscht, werden die Zügel so angefaßt, daß noch keine Verbindung zwischen Reiterhand und Pferdemaul besteht. Erst wenn die gewünschte Handhaltung erreicht ist, beginnen wir, dem Schüler das Gefühl für die richtige Anlehnung und die Anwendung der Zügelhilfen zu vermitteln. Stellen wir fest, daß der Schüler mit den Zügeln eine gleichmäßige Verbindung mit dem Pferdemaul herstellen kann, wird er nicht mehr mit dem Führstrick unterstützt.

Der Schüler beginnt nun, selbständig zu reiten.

Es befindet sich allerdings weiterhin eine Begleitung am Pferd, welche bei Bedarf auch eingreift.

Die Aufgabe des Reitpädagogen besteht nun darin, dem Schüler die Einwirkung der Zügel durch Erklärungen und Übungen erfahrbar zu machen. Durch annehmende Zügelhilfen lernt er das Pferd aus der Bewegung zum Halten zu bringen.

Bei Schwierigkeiten in der Zügelführung kann der Reitpädagoge dem Schüler Hilfestellung geben, indem er hinter ihm, auf dem Pferderücken sitzend, direkt einwirkt.

Der Reitpädagoge ergreift von hinten die zügelhaltenden Hände des Schülers und vermittelt ihm über den Körperkontakt die entsprechenden Bewegungen der Hände.

Diese Schülerin reitet bereits selbständig, aber noch mit Begleitung.

3

Die Reitpädagogin vermittelt der Schülerin das Gefühl von der Verbindung zwischen Reiterhand und Pferdemaul per Zügel.

Teilziel: Schenkelhilfen

Übungsreihe:
Während die Zügelhilfen vorherrschend verhaltend wirken, übernehmen die Schenkelhilfen die Funktion von treiben-

Das richtige Verhältnis zwischen Schenkelhilfen und den Zügelhilfen ist diesen Schülern schon gelungen.

den Hilfen. Der Schüler beginnt nun durch treibende Hilfen mit den Schenkeln aktiv auf das Pferd einzuwirken. Will er das Pferd aus dem Stand in Bewegung bringen, muß er treiben, das heißt sich der Schenkelhilfen bedienen. Findet der Schüler das richtige Verhältnis zwischen den vorwärtstreibenden Schenkelhilfen und den vorwärtshemmenden Zügelhilfen, dann wird für ihn das selbständige Reiten zum ersten Bewegungsmiteinander von Reiter und Pferd. Nun ist eine Verständigung zwischen ihnen möglich.

Teilziel: Kreuzhilfen

Übungsreihe:
Nachdem der Schüler nun das erste Bewegungsmiteinander von Reiter und Pferd erfahren und sein aktives Reiten darauf eingestellt hat, soll eine weitere Einwirkungsmöglichkeit auf die Bewegung des Pferdes durch die Kreuzhilfen erlernt werden. Durch verbale und andere Hilfen wird dem Schüler vermittelt, seinen Oberkörper senkrecht zu halten und sein ganzes Gewicht gleichmäßig auf beide Gesäßknochen zu verteilen. Er soll schwer und entspannt im Sattel sitzen und in die Bewegung des Pferdes eingehen. Dabei wird er spüren, daß dadurch sein Pferd zum Vorwärtsgehen angeregt wird.
Durch leichtes Anspannen der Muskulatur und Vorschieben der Hüfte wird er dann wahrnehmen, daß sein Pferd nun noch fleißiger vorwärts geht, er wird seine Kreuzeinwirkung erleben.
Die Kreuzeinwirkung und die gleichzeitigen Schenkelhilfen bewirken, daß das Pferd nun fleißiger im Schritt ausschreitet und schwungvoller geht. Dadurch sitzt der Schüler angenehmer. Der Schwung des Pferdes ist für ihn fühlbar.

Die Kreuzeinwirkung, in Verbindung mit vermehrtem Schenkeldruck, wird das Pferd auch zum Antraben veranlassen.

Teilziel: Gewichtshilfen

Übungsreihe:
Grundvoraussetzung für die Anwendung der Gewichtshilfen ist, daß der Schüler entspannt auf beiden Gesäßknochen im Sattel sitzen kann und ein sicheres Gleichgewichtsgefühl entwickelt hat. Ist dies erreicht, übt der Schüler, seinen inneren Gesäßknochen stärker zu belasten.
Die einseitige Belastung des inneren Gesäßknochens wird in allen Wendungen auf der rechten und linken Hand trainiert. Durch die Verlagerung des Reitergewichtes nach links oder rechts erhält das Pferd das Signal, sich in diese Richtung zu bewegen.
Diese einseitig belastende Gewichtshilfe ist in den Wendungen eine Unterstützung der Zügel- und Schenkelhilfen.
Die beidseitig belastenden Gewichtshilfen hat der Schüler bereits beim Teilziel „Kreuzhilfen" erfahren.

Ein Eingehen auf die entlastenden Gewichtshilfen ist für unsere Schüler in dieser Lernphase noch nicht angebracht, es würde sie nur überfordern und verunsichern. Der losgelassene, anschmiegsame Sitz als Grundvoraussetzung und das

Zur Unterstützung für die Schüler werden optische Hilfen eingesetzt.

Zusammenwirken der Zügel-, Schenkel-, Kreuz- und Gewichtshilfen ermöglicht die Verständigung zwischen Reiter und Pferd. Gelingt dieses, so ist ein Bewegungsdialog möglich und das Reiten wird zu einem Bewegungserlebnis. Die bisher beschriebenen Teilziele werden zunächst nur im Schritt, mit und ohne Bügel, in den Wendungen geübt. Zunächst wird in der Abteilung, später als Einzelaufgabe geritten.

Die anfängliche Unterstützung durch die nebenhergehende Begleitperson wird je nach Fortschritt des Schülers durch die Hilfengebung des Reitpädagogen aus der Distanz ersetzt. Hilfen werden verbal, durch Handzeichen, Körpersprache und/oder Körperkontakt gegeben. Zur Unterstützung werden auch Hilfsgegenstände, wie zum Beispiel Tonnen und Sprungstangen, zur optischen Orientierung für den Schüler eingesetzt.

Während des Reitens in der Halle oder auf dem Außenplatz werden dem Schüler gleichzeitig die Bahnbezeichnungen, die Hufschlagfiguren und die Bahnordnung vermittelt.

Teilziel: Reiten im Trab

Übungsreihe:
Zum Antraben aus dem Schritt muß der Schüler die gleichen Hilfen geben wie zum Anreiten aus dem Stand in den Schritt, nur in verstärktem Maße. Das an den Zügel gestellte Pferd wird mit Kreuz und beiden Schenkeln bei nachgebendem Zügel in die Vorwärtsbewegung bis zum Trab geschoben. Damit das Pferd im Trab verbleibt, muß der Schüler auf die Trabbewegungen eingehen und ständig bestrebt sein, mit treibenden Kreuz- und Schenkelhilfen die Vorwärtsbewegung zu unterstützen.

Für uns ergibt sich bei jedem Schüler aufs neue die Fragestellung, ob zunächst das Aussitzen im Trab oder das Leichttraben sinnvoll ist. Dies muß jedesmal, ausgehend von den motorischen Möglichkeiten des einzelnen Schülers, individuell entschieden werden.

Da das Leichttraben in der Regel eine Erleichterung für das Pferd und den Reiter darstellt, gehen wir grundsätzlich davon aus, dieses zunächst mit dem Schüler zu üben.

Das Aufstehen und Hinsetzen beim Leichttraben wird zuerst im Halten ohne Zählen und dann auf Zählen geübt. Auf Anweisung des Reitpädagogen, der jeweils „eins" und „zwei" zählt, erhebt sich der Schüler bei „eins" etwas aus dem Sattel und setzt sich bei „zwei" wieder weich in den Sattel. Der Schüler kann sich dabei zunächst mit beiden Händen auf dem Hals des Pferdes aufstützen. Die gleichen Übungen werden dann im Schritt wiederholt und anschließend im Trab versucht. Anfangs unterstützt der Reitpädagoge den Schüler wieder durch Zählen, bis dieser ohne Unterstützung selbständig Leichttraben kann.

Bei besonderen Problemen des Schülers in der Umsetzung von sprachlichen und gestischen Anweisungen in Bewegung kann der Reitpädagoge durch direkte Impulse am Gesäß oder Bein einwirken. Er läuft dabei neben dem Reiter her. Durch diese Hilfen fällt es dem Schüler dann oftmals leichter adäquat zu reagieren. Eine andere Möglichkeit ist das Übertragen direkter Bewegungsimpulse durch den hinter dem Schüler sitzenden Reitpädagogen auf dessen Körper (zum Beispiel Anheben).

Wie lange sich der Schüler auf dem Hals des Pferdes abstützt oder ob er im Schritt

und Trab geführt oder an der Longe genommen wird, muß jeweils individuell entschieden werden. Beim Leichttraben sollte frühzeitig darauf geachtet werden, daß der Schüler auf dem richtigen Fuß trabt.
Der Übergang vom Trab zum Schritt erfolgt immer im Aussitzen.

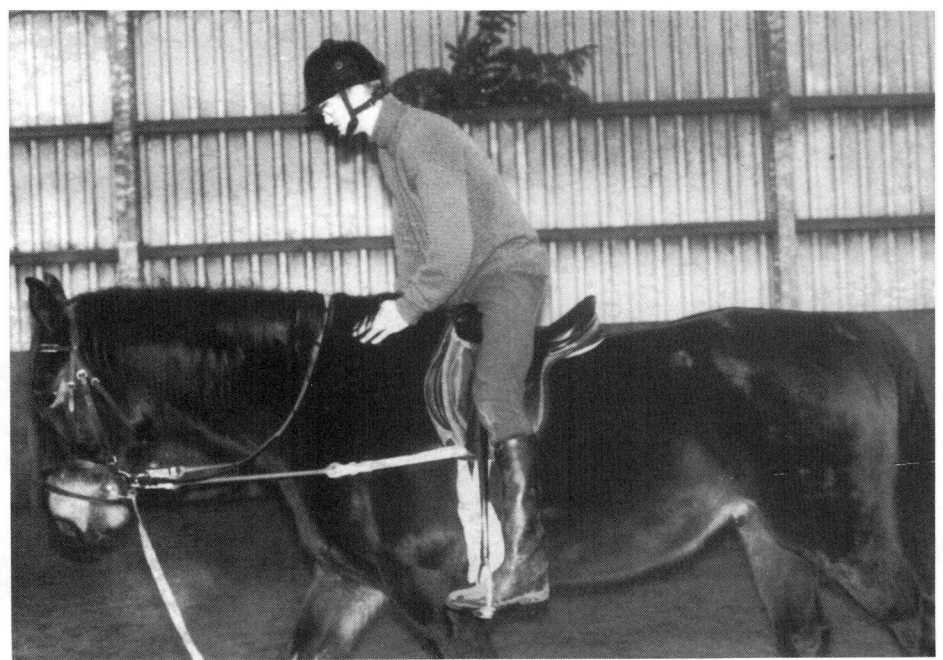

Der Schüler stützt sich mit beiden Händen auf dem Hals ab und übt das Leichttraben. Mit dieser Hilfe fühlt er sich sicherer.

Teilziel: Reiten im Galopp

Übungsreihe:
Nachdem der Schüler die Gangarten Schritt und Trab erfahren und seine Verständigungsmöglichkeit mit dem Pferd gefunden hat, wird nun die Gangart Galopp geübt. Die Zügel-, Schenkel-, Kreuz- und Gewichtshilfen hat er bereits angewendet und das Zusammenwirken dieser Hilfen im Schritt und Trab auch erlebt.

Für den Galopp wird ihm nun die neue Schenkellage erklärt und im Halten ausgeführt. Das Pferd ist dabei nach innen auf dem Zirkel gestellt. Der Schüler übt, den inneren Schenkel unmittelbar am Sattelgurt und den äußeren mindestens eine Handbreit hinter den Gurt zu legen. Hat der Schüler diese Übung motorisch nachvollzogen und sie sich eingeprägt, wird ihm vermittelt, wie er sein Pferd vom Trab zum Galopp veranlassen kann.

Das Angaloppieren zum Beispiel im Linksgalopp geschieht dann folgendermaßen:

Der linke Schenkel liegt unmittelbar am Sattelgurt, der linke Zügel gibt dem Pferd die leichte Kopfstellung nach links. Der rechte Schenkel des Schülers liegt etwa eine Handbreit hinter dem Sattelgurt und sein Gewicht liegt stärker auf dem linken Gesäßknochen („nach unten den Boden mit dem linken Fuß berühren wollen").

Sobald das Pferd zum Angaloppieren ansetzt, hat der Schüler durch leichtes Nachgeben mit der linken Hand den Galoppsprung herauszulassen. Durch Treiben mit den Schenkeln und dem Kreuz soll das Weitergaloppieren erreicht werden.

Wichtig ist, darauf zu achten, daß der Schüler nach dem Angaloppieren die Schenkel nicht verändert, sondern, solange das Pferd galoppieren soll, in der gleichen Position beläßt. Der Schüler muß in jedem Galoppsprung so sitzen, als ob er das Pferd neu angaloppieren will.

Den Galopp üben wir zu Anfang immer auf dem Zirkel zur geschlossenen Seite hin aus dem Trab. Je nach Können und Entscheidung des einzelnen Schülers wird an der Longe oder frei geübt.

Dieser Schüler kann schon selbständig im Galopp reiten und ist sehr stolz darauf.

Die von uns beschriebene Grundausbildung für das „Selbständige Reiten" mit geistig behinderten Schülern halten wir für notwendig und praktikabel. Nur wenn der Behinderte einige Grundsätze der Reiterei beachtet, kann es zu einem Bewegungsaustausch und zu einer Verständigung zwischen Behindertem und Pferd kommen.

Wir haben die dargestellten Übungen gemeinsam mit unseren Schülern entwickelt und sie ihnen so vermittelt. Die bisherige Praxis hat uns dahingehend bestätigt, daß auch geistig behinderte Menschen selbständig reiten lernen können, wenn die entsprechenden Voraussetzungen geschaffen und die notwendigen Übungsmöglichkeiten angeboten werden. Fast alle unsere AG-Teilnehmer — Ausnahme sind die schwerer Behinderten — haben mit individuellen Unterschieden nach etwa 2 Jahren gelernt, ihr Pferd selbständig vorzustellen. Die Mehrheit sogar in den Gangarten Schritt, Trab und Galopp. Mit dem „Reiten-können" hat sich für sie zu der persönlichen Entwicklung und Stabilisierung noch eine neue, sinnvolle Erlebniswelt eröffnet.

Methodische Grundsätze für das Heilpädagogische Reiten

Da der geistig Behinderte in seiner Wahrnehmungs- und Bewegungsfähigkeit, in seinem Sprach- und Aufgabenverständnis, sowie in seiner Wiedergabefähigkeit eingeschränkt und verlangsamt ist, sind folgende methodische Grundsätze zu beachten:
- Prinzip der kleinen Schritte,
- vom Leichteren zum Schwereren,
- von der Grob- zur Feinform,
- Spaß und Motivation müssen immer erhalten bleiben,
- häufige Erfolgserlebnisse und positive Verstärkung verschaffen,
- Erklärungen und Anweisungen müssen kurz und verständlich sein, langsam und deutlich sprechen, immer dieselben Ausdrücke verwenden,
- Übergang von häufig notwendiger direkter Einwirkung und Hilfestellung zu verbalen Erklärungen und Anweisungen,
- ruhige Durchführung des Unterrichts, keine nervöse, hektische Atmosphäre,
- Eingehen auf Sorgen, Nöte und Schwierigkeiten des Schülers,
- jedem Schüler die gleiche Reitzeit geben, auch der geistig Behinderte achtet sehr genau darauf und empfindet eine längere Reitzeit eines anderen als Ungerechtigkeit,
- individuelle Zielsetzung, das Übungsangebot muß von der unterschiedlichen Lernausgangslage und den individuellen Lernmöglichkeiten des einzelnen Schülers ausgehen,
- positiver Abschluß der Reitstunde.

Sportliche Leistungs- und Wettkampfanforderungen bei geistig behinderten Menschen

Der Leistungsgedanke, wie er im sportlichen Leistungsvergleich und auch im Reitsport gesehen und praktiziert wird, ist nicht das Ziel unserer Bemühungen beim HPR.
Unser Anliegen und unser pädagogisches Handeln besteht vielmehr darin, durch den Umgang mit dem Pferd und das Selbständige Reiten Handlungsfähigkeit und Erlebnisfähigkeit beim geistig behinderten Schüler zu fördern und zu festigen. Durch gezielte Lernprozesse beim HPR können diese Persönlichkeitsmerkmale entwickelt werden. Lernen, soll es seinen Zweck erfüllen, muß auf ein Ziel hin orientiert sein. Aufgabe des Pädagogen ist es, daß der Schüler dieses Ziel erreicht und dabei Freude und Befriedigung empfindet. Insbesondere bei Menschen, deren Handlungsfähigkeit beeinträchtigt ist, tragen Erfolgserlebnisse zu einer bedeutenden Steigerung ihres Selbstwertgefühls und ihrer Lernbereitschaft bei. Der Wunsch besteht, etwas hinzu, etwas Neues zu lernen. Dieses gilt grundsätzlich, ob nun behindert oder nicht. Auch der Behinderte möchte, wenn er bereits das Pferd im Trab reiten kann, den Galopp erlernen. Das nächste Ziel übt einen hohen Motivationsreiz und ein

Leistungsverlangen aus. Die Bereitschaft und das Verlangen, hinzu zu lernen und noch mehr leisten zu wollen, ergibt sich auch aus dem Vergleich mit anderen.

Der Schüler setzt sein Können in Beziehung zum Können anderer und stellt dabei fest, daß er schon mehr kann als ein anderer Reiter, was sein Selbstwertgefühl steigert. Gleichzeitig bemerkt er aber auch, daß es noch Reiter gibt, die weiter sind als er. Das fordert ihn heraus, selbst dieses Niveau zu erreichen.

Dieser Leistungsvergleich, der auch beim geistig behinderten Schüler auftritt, kann vom Reitpädagogen nicht ignoriert oder abgelehnt werden.

Erst der übersteigerte Leistungsanspruch kann der Persönlichkeitsentwicklung entgegenstehen.

Wir betrachten das Phänomen des gegenseitigen Vergleiches als ganz natürlich und auch notwendig für weitere Lern- und Leistungsmotivationen. Wir werden dem Verlangen nach Leistungsanspruch und Leistungsanerkennung gerecht, indem wir zusätzlich solche Möglichkeiten wahrnehmen, die sich außerhalb des schulischen Alltags ergeben, wie zum Beispiel der Erwerb des „Kleinen Hufeisens", Vorführungen und sportliche Leistungsvergleiche. Hier werden die Leistungsanforderungen von anderen Personen, von außen, an den Behinderten gestellt, und er bekommt die offizielle Bestätigung, daß er mit Erfolg gelernt hat, daß er etwas kann.

Unsere behinderten Reiter führen ihr reiterliches Können schon seit vielen Jahren in der Öffentlichkeit bei Veranstaltungen vor. Es macht ihnen Spaß, anderen zu zeigen, was sie können. Sie freuen sich über die erbrachte Leistung und vor allem über die Anerkennung, den Applaus der Zuschauer. Vorführungen dieser Art geben auch der Öffentlichkeit, den Eltern und den Fachleuten die Möglichkeit zu erleben, welche Fertigkeiten auch geistig behinderte Menschen entwickeln können, wenn ihnen die Chance gegeben wird.

Eine weitere Möglichkeit der Leistungsbestätigung eröffnet sich durch das „Kleine Hufeisen". Einige unserer AG-Teilnehmer haben, nachdem sie während einer Projektwoche unter Anleitung ihrer Reitpädagogin ihr Können und Wissen im Umgang mit dem Pferd vertieft haben, das „Kleine Hufeisen" erworben. Für sie war es ein großes Ereignis, von einem Richter offiziell geprüft und beurteilt zu werden. Alle Schüler waren glücklich über die Urkunde und das Stoffabzeichen, denn damit haben sie ihr Können bestätigt bekommen. Mit Stolz tragen sie ihr Abzeichen.

Geistig Behinderte sind durchaus in der Lage, ihre Leistungen zu erleben und zu erkennen.

Einige unserer Behinderten sind auch Mitglied in einem Reiterverein und nehmen dort auch an der jährlich stattfindenden Vereinsmeisterschaft teil. Mit getrennten Bewertungen von behinderten und nichtbehinderten Reitern wird versucht, den Möglichkeiten der Behinderten Rechnung zu tragen. Wie in jedem Wettbewerb erfolgt die Anerkennung durch eine Plazierung und eine Schleife.

Bei einer Befragung der geistig behinderten Reiter, die an den Vereinsmeisterschaften teilgenommen hatten, konnten alle angeben, welche Anforderungen sie erfüllen mußten und welche Plazierung sie erreichten. Sie waren sich auch deren Bedeutung bewußt. Sie waren stolz auf ihre Leistung und die Teilnahme an der Meisterschaft hat ihnen Spaß gemacht. Zu erwähnen ist noch, daß an öffentlichen

Die Schüler und die Ausbilderin sind stolz auf die erbrachte Leistung beim Landesbehindertenreiterfest in Lüneburg.

Auftritten, wie Vorführungen bei sportlichen Veranstaltungen und Reitertagen, sowie Wettkämpfen von uns, nur solche Reiter teilnehmen, die ihr Pferd in den Gangarten Schritt, Trab und Galopp selbständig in der Abteilung und in der Einzelaufgabe vorstellen können.

In der Diskussion unter Fachleuten, ob geistig Behinderte an Wettkämpfen teilnehmen sollen oder nicht, werden unterschiedliche Meinungen vertreten.

An dem erwähnten Beispiel ist zu erkennen, daß auch geistig Behinderte in der Lage sind, sinnvoll an einem Wettbewerb teilzunehmen. Schon die Teilnahme, aber insbesondere eine gute Leistung, stärkt ihr Selbstvertrauen. Die oft geäußerten Bedenken, daß Mißerfolge zu Frustration und Resignation führen können, sind sicherlich berechtigt. Werden dem Behinderten aber Hilfen angeboten, mit einem Mißerfolg umzugehen, können sich daraus auch Verhaltensweisen für den Umgang mit anderen, oft unvermeidlichen Mißerfolgserlebnissen im täglichen Leben entwickeln. Eine Begründung für den Ausschluß der geistig Behinderten von der Vereinsmeisterschaft ist kaum zu finden und nicht zu vertreten. Wie allen anderen, muß auch dem geistig behinderten Menschen die Teilnahme am Wettbewerb offen stehen. Dem Behinderten die Möglichkeit zu verweigern, sein sportliches Können vorzustellen und mit anderen zu vergleichen, bedeutet, diesem eine entscheidende Chance der

Leistungsmotivation und Leistungsanerkennung vorzuenthalten. Dieses würde einer weiteren Entfaltung der Persönlichkeit sowie der Rehabilitation und der sozialen Integration entgegenstehen.

Schlußbetrachtungen

Nach über 10 Jahren Heilpädagogischen Reitens in einer schulischen Einrichtung für geistig Behinderte ist es erforderlich, nach dem Erfolg dieses pädagogischen Angebotes für die Persönlichkeitsentfaltung des einzelnen Schülers zu fragen. Bei allen Schülern ist zu beobachten, daß Teilaufgaben im Umgang mit dem Pferd und Tätigkeiten für das Pferd von allen selbständig oder mit Unterstützung erledigt werden können. Einige Schüler sind sogar weitgehend selbständig in allem, was „rund ums Pferd" geschieht.

Weiterhin ist festzustellen, daß bis auf zwei, alle Schüler, die 2 Jahre an der AG-Reiten teilgenommen, selbständig reiten

AG-Schüler während einer Reiterfreizeit im Taunus.

gelernt haben. Dieses heißt nicht, daß alle das gleiche Niveau erreichen konnten. Die Skala der Reitfähigkeit bewegt sich vom selbständigen Reiten im Schritt in der Bahn bis zum selbständigen Reiten in den drei Gangarten Schritt, Trab und Galopp im Gelände. Diese beobachtbaren Kriterien beinhalten, daß jeder Schüler, ausgehend von seinen jeweiligen individuellen Lernmöglichkeiten an Handlungskompetenz zugenommen und sich ihm neue Erfahrungs- und Erlebnisfelder eröffnet haben.

Einige Schüler haben sich durch das HPR weitere Entfaltungs- und Erlebnismöglichkeiten geschaffen. Durch ihre erreichte Reitfähigkeit war es ihnen möglich, an Reiterfreizeiten mit Ausritten teilzunehmen, die von der Schule oder vom Reiterverein durchgeführt wurden.

Mehrere Schüler, die Reiten in der Schule gelernt haben, sind Mitglied in einem Reiterverein und reiten dort gemeinsam mit Nichtbehinderten. Für sie ist der Umgang mit dem Pferd und das Reiten als Freizeitbeschäftigung ein entscheidendes Merkmal für Lebenszufriedenheit und persönliche Entfaltungsmöglichkeit geworden. Die reitsportlichen Aktivitäten zusammen mit Nichtbehinderten im Verein vermeiden soziale Isolation des geistig behinderten Menschen. Andererseits werden bei Nichtbehinderten durch den Kontakt vorhandene Vorurteile, Unsicherheiten und auch Ängste abgebaut. Es kommt zu Einstellungsänderungen gegenüber geistig Behinderten.

Ein unvergeßliches Erlebnis in der Beziehung hatte ich persönlich während eines Reiterurlaubes gemeinsam mit meinem geistig behinderten Sohn Gunther in Island. Am Tage unserer Ankunft auf der Farm, wir waren insgesamt 10 Reiter aus Deutschland und der Schweiz, waren mehrere Teilnehmer skeptisch bis verärgert darüber, daß ein geistig behinderter junger Mann an der 14-tägigen Reittour durch das Hochland teilnehmen wollte. „Er behindert uns nur, er kann doch nicht mithalten."

Als am Nachmittag der isländische Veranstalter die Pferde zum gemeinsamen Kennenlern- und Eingewöhnungsritt zuteilte und Gunther mit seinem Pferd losritt, verstummten die Unzufriedenen. Sie waren völlig überrascht, daß ein geistig Behinderter in einem schwierigen Gelände problemlos zurechtkam.

Das Erstaunen steigerte sich noch, als am nächsten Tage mit Handpferd losgeritten wurde und Gunther ohne Schwierigkei-

Gunther auf „Trölli" mit Handpferd „Nasi" in Island.

ten sein Handpferd mit sich führte. Im Laufe der Tour hat sich dann das anfängliche Vorurteil gegen den Behinderten in Hochachtung umgewandelt. All dieses habe ich erst nach der Reittour erfahren. Die Teilnehmer hatten das Bedürfnis, mit mir darüber zu reden, und Gunther haben sie ihre Anerkennung deutlich gezeigt.

Zusammenfassend ist festzustellen, daß die Freude am aktiven Tun mit dem Pferd und die Erfahrung, etwas zu können, unsere Schüler sicherer, selbständiger und handlungsfähiger werden ließ. Auch haben sich für sie neue Möglichkeiten eröffnet. Eine Reihe unserer jetzigen und früheren Schüler haben durch das Heilpädagogische Reiten für sich eine geeignete, sinnvolle Freizeitbeschäftigung gefunden und ihre Kontakt- und Erlebnismöglichkeiten erweitert. Sie reiten zusammen mit Nichtbehinderten in einem Reiterverein und dieses nun schon seit einigen Jahren. Auf diese Weise ist nicht nur das oft ziemlich große Problem der Freizeitgestaltung ein Stück weit gelöst, sondern auch die soziale Eingliederung in eine Gruppe gelungen.

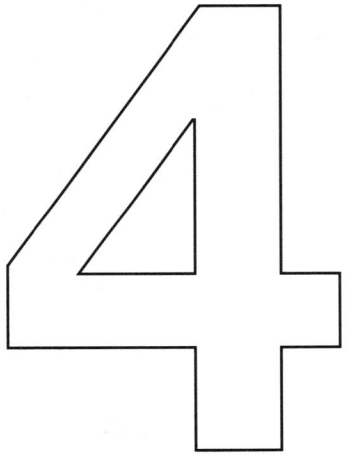

Gabriele Eickmeyer

Integration von Behinderten im Rahmen des Voltigierens und Reitens als Angebot eines ländlichen Reitvereines

Im Reit- und Fahrverein „Lucie e.V. Lüchow" wurde in Zusammenarbeit mit örtlichen Behinderteneinrichtungen 1984 eine Integrationsgruppe „Voltigieren" gegründet. Es folgte die Einrichtung einer Reitausbildung für Behinderte.

Der folgende Beitrag versucht das Entstehen der Reitausbildung für geistig Behinderte aufzuzeigen, die Umgebungsanforderungen und die entwickelten Unterrichtsmethoden darzustellen und die Grenzen der Machbarkeit von Integration im Bereich Reitsport zu definieren.

Die an der Reitausbildung teilnehmenden Behinderten haben vorher ausnahmslos am heilpädagogischen Voltigieren teilgenommen. Diese Vorbereitung ist unerläßlich, um die Reitausbildung zu einem angemessenen Erfolg zu führen. Im folgenden wird daher auch die Entwicklung des Voltigierangebotes entsprechend dargestellt.

Dem örtlichen Reitverein „Lucie e.V.", dem Reiterhof Laubach, den Mitarbeitern der Behinderteneinrichtungen, der Bevölkerung des Dorfes Rehbeck sowie vielen ehrenamtlich Tätigen ist es zu verdanken, daß durch die Integrationsversuche ein Beitrag zur aktiven Freizeitgestaltung von Behinderten geleistet werden konnte.

Der Begriff „Integration" im Bereich Heilpädagogischen Voltigierens und Reitens

Integration sehe ich auch in diesem Bereich als Prozeß, in dem eine Anzahl unterschiedlicher Kinder und Jugendlicher, behinderter und nichtbehinderter, in einer Gruppe in einem Lebens- und Lernraum zusammenkommen. Diese Gruppe ermöglicht bewußt jedem einzelnen Kind individuelle Erlebens- und Verhaltensformen.

Integration im Bereich „Heilpädagogisches Voltigieren"/„Heilpädagogisches Reiten" richtet sich nach diesem Standard unter Berücksichtigung der spezifischen Gegebenheiten und Möglichkeiten dieses Bewegungshandelns mit dem Partner Pferd.

Integration bedeutet auch hier, sich selbst in seiner Eigenart und die Eigenart des anderen, soweit wie möglich zu erkennen und akzeptieren zu lernen. Auf dem Hintergrund der freiwilligen Wahl dieses Freizeitangebotes hat es sich gezeigt, daß sich nach einer Entwicklungsdauer von ca. 2 bis 3 Jahren gemeinsame Gruppen von behinderten und nichtbehinderten Kindern und Jugendlichen, Erwachsenen bilden konnten.

Integration als Schwerpunkt der Arbeit im Bereich „Voltigieren" – „Reiten" strebt an:

– daß behinderte und nichtbehinderte Kinder, Jugendliche, Erwachsene in ihrer jeweils spezifischen Art und Weise mit derselben Realität und denselben Forderungen vertraut gemacht werden und damit besser umgehen lernen. Vom Betreten des Hofes über das Fertigmachen des Pferdes bis hin zum Erlernen der Voltigierübungen und Reitlektionen, bis zur Planung, Gestaltung, Durchführung von gemeinsamen Unternehmungen, Festen, Veranstaltungen etc.,

- daß Behinderte beim Voltigieren und Reiten soweit wie möglich selbständig denken und handeln lernen, notwendige Hilfen annehmen, aber sich nicht durch zu viel Hilfe entmündigen lassen,
- daß für nichtbehinderte Kinder, Jugendliche, Erwachsene beim Voltigieren und Reiten sozial orientiertes Verhalten als selbstverständlich erlebt

wird und somit wesentlich zur Individualitäts- und Identifikationsfindung beiträgt,

- daß Eltern, Vereinsmitglieder, Dorfbewohner, das Umfeld ihre Vorurteile, Unsicherheiten, Ängste, gegenüber „Andersartigen" abbauen und beim gemeinsamen Erleben eine emotionale Entlastung erfahren, beginnen Probleme anzusprechen und gemeinsam nach Lösungen suchen.

Entwicklung der Integrationsarbeit

Zeitlicher Ablauf

Seit 1979 erfolgte der Aufbau einer Voltigierabteilung mit den Schwerpunkten Freizeit- und Sportbereich.
Ab 1983 kam die Erweiterung durch eine Leistungsgruppe.
Ab 1984 begann durch die Zusammenarbeit mit dem Heilpädagogischen Kinder- und Jugendheim Grabow und der Behindertensportabteilung des TUS Lüchow heilpädagogisches Voltigieren mit Behinderten.
Grob differenzierte Zielsetzung war: Gemeinsames Leben und Lernen im Bereich Voltigieren.
Es bildete sich in den Jahren 1984-1985 eine gemeinsame Voltigiergruppe. Die Arbeit erfolgte gleichzeitig auf zwei Zirkeln mit den beiden Zielgruppen:
a) Nachwuchsgruppe - nichtbehinderte ältere Kinder und Jugendliche aus Lüchow und Umgebung.
b) Grabower Jugendliche - fünf bis sieben Jugendliche im Alter von 14-17 Jahren, geistig und mehrfach behindert, motorisch relativ gut ansprechbar.

Nach zweijähriger Erprobung kam es 1986 zu einer weiteren Strukturierung von Lernsituationen und zur Konkretisierung von Inhalten und Zielen.

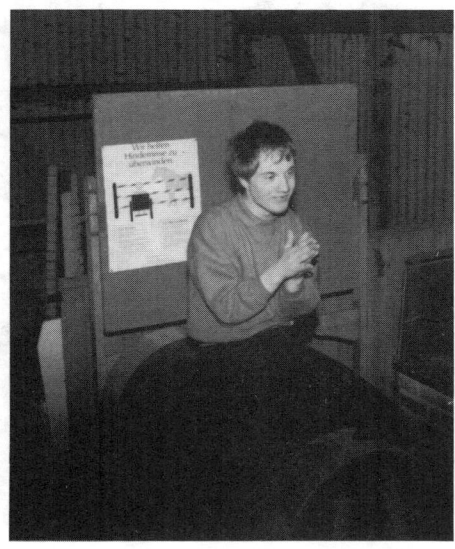

Vorübungen auf dem Holzpferd.

Im Einzelnen wurde in der Integrationsgruppe folgendes miteinander gelernt:
— Vorbereitung des Pferdes,
— Spiel- und Turnangebote vor, zwischen und nach den Voltigierübungen,
— Pflicht- und Kürübungen auf dem Holzpferd.
— Einzel- und Gruppenspiele auf und am Pferd,
— Pflicht- und Kürübungen auf dem Pferd,
— Herrichten der Übungsanlage,
— Versorgung des Pferdes.

Die Vermittlung dieser Einzeltätigkeiten erfolgte unter dem Aspekt, dadurch sozialorientiertes Verhalten der Gruppenmitglieder zu fördern.

Es wurde ein zusätzliches Angebot mit circa 5 behinderten Neuanfängern und durchschnittlich drei behinderten Jugendlichen aus der Integrationsgruppe geschaffen; dabei wechselten sich die behinderten Mitglieder der Integrationsgruppe bei der Arbeit in dieser neuen Gruppe ab. Vorrangiges Ziel dieser Gruppe war es, den Neuanfängern Grundlagen für den Eintritt in eine Integrationsgruppe zu vermitteln, den jeweils aus der Integrationsgruppe herausgelösten Behinderten durch Übertragung einzelner Lehraufgaben zu Erfolgserlebnissen und somit zur Steigerung des Selbstwertgefühls zu verhelfen.

Im Jahre 1986 kam ein Angebot für 3 jüngere, schwerer mehrfach behinderte Kinder aus Grabow hinzu; Kinder, die nicht sprechen konnten, motorisch stärker

Gruppenspiele am Pferd.

retardiert waren. Schwerpunkt der Arbeit mit diesen Kindern war eine allgemeine, individuelle Förderung von motorischen und kognitiven Fähigkeiten und Fertigkeiten.

1987 schlossen sich 3 junge Erwachsene aus dem DPWV-Heim „terra est vita" in Belau der Neuanfängergruppe an.

1989 kam es zur Bildung einer Abteilung „Heilpädagogisches Reiten" als weiterführendes Angebot für fünf junge Erwachsene der Gruppen „Heilpädagogisches Voltigieren".

1990 wurde die Reitgruppe um vier behinderte Jugendliche im Rahmen einer Freizeitmaßnahme erweitert.

Das Umfeld

Die mehrjährige Arbeit mit den unterschiedlichen Zielgruppen machte deutlich, daß der prozessuale Verlauf Offenheit und Flexibilität von vielen mittelbar und unmittelbar betroffenen Menschen des Feldes erfordert.
Hieraus ergeben sich konstruktive Möglichkeiten ebenso wie Schwierigkeiten und Grenzen der Integrationsarbeit in diesem Bereich.

Der Verein, Vorstand, Verantwortliche

Bei den Vorstandssitzungen und in persönlichen Gesprächen konnte nach und nach das Angebot Voltigieren, wie auch

Übungen auf dem Pferd.

das „Heilpädagogische Voltigieren" und „Heilpädagogische Reiten" akzeptiert werden, eine stetige Stundenerweiterung und eine vermehrte Hallenbelegung ergaben sich als Folge.

Der Reiterhof

Der Besitzer des Reiterhofes und dessen Familie, in dessen Stallungen die Voltigierpferde stehen und an dessen Gelände sich unmittelbar die Reitanlage des Vereines anschließt, setzte sich offen mit Nichtbehinderten und Behinderten auseinander, nahm und nimmt sie in den Ablauf des Betriebes mit hinein. Die Familie, die dörfliche und auswärtige Kundschaft hat Anteil an diesem „mehrschichtigen Klientel". Hierbei gab und gibt es Probleme. Viele Ausdrucks- und Verhaltensformen der Behinderten bedürfen des längeren und damit besseren Kennenlernens, um zu verstehen und annehmen zu können. Heute leben mehrere der Kinder und Jugendlichen mit diesem Hof. Auch von den älteren behinderten Kindern und Jugendlichen kommen einige in ihrer Freizeit um mitzuhelfen beim Füttern, Heuladen, Streuen, nehmen am sonstigen Geschehen teil, wie Festen, Reit- und Dorffesten, wie es der Grad der Behinderung zuläßt.

Die Kinder und Jugendlichen

Die Gruppenmitglieder brauchten Zeit sich zu erleben, sich kennenzulernen, Verhalten einzuordnen, über ihr, und erlebtes Verhalten anderer miteinander nachzudenken und zu sprechen. Berührungsängste waren und sind vorhanden. Es dauert individuell unterschiedlich lange, bis sie aufeinander zugehen können;

zum Beispiel wurden das Schreien und Schimpfen einer jungen Erwachsenen oder das „Sich-fallen-lassen" ganz unterschiedlich von Nichtbehinderten und Behinderten aufgenommen. Reaktionen wie Mitleid, Ablehnung, Angst, Hilfeleistungen ließen mit Geduld und Beharrlichkeit eine Lösung nach einer Zeit gemeinsamen Ertragens finden.

Die Eltern der nichtbehinderten Kinder und Jugendlichen

Sie reagieren auf die „Heilpädagogische Arbeit" sehr verschieden. Es gab Zustimmung und Ablehnung, Skepsis und Euphorie. Einige Familien motivierten ihre Kinder wegen des Zusammenseins miteinander für diesen Sport. Es gab aber auch deshalb Abmeldungen.

Viele Fragen wurden nicht beantwortet, da sie nicht klar genug gestellt oder auch erkannt wurden; Unklarheiten konnten nicht immer aufgegriffen werden.

Als besonders belastend erlebte ich die Vorurteile der erwachsenen Menschen gegenüber „Behinderten", oder auch den Menschen gegenüber, die sich mit Behinderten beschäftigen. Es zeigte sich, da einige durch die Tatsache an sich, daß hier „Miteinander leben von Behinderten und Nichtbehinderten" passiert, keine Dialogbereitschaft mehr vorhanden war. Es bedurfte großer Geduld, viel Durchhaltekraft um Zeiten der „Isolation" durchzustehen. Über Integration zu denken und zu sprechen ist einfacher, als es zu leben, im praktischen Vollzug zu tun.

Ich denke, wenn diese Prozesse weitergeführt werden, daß sie in großen Zeiträumen zu denken und zu leben sind.

Die Ausbilder und Erzieher

Sie waren unterschiedlich informiert und motiviert und es bedurfte langer Zeit, vieler Gespräche, um einander pädagogische Zielvorstellungen und Bedingungen des „Heilpädagogischen Voltigierens" und „Heilpädagogischen Reitens" deutlich zu machen. Es dauerte lange, bis wir voneinander lernen konnten; bis der Heimerzieher verstand, wie und für was der Ausbilder Pferd, Übung, Gruppe oder Umfeld einsetzte, und bis der Voltigierausbilder Schwierigkeiten, die das behinderte Kind, der behinderte Jugendliche zum Beispiel im Heimalltag oder im Umgang mit Nichtbehinderten zeigte, aufgreifen und beeinflussen konnte. Sporadisch ist Zeit da für eine gemeinsame individuelle Lernzielplanung. Die Verknüpfung, der Austausch der verschiedenen Fachgebiete müßte intensiviert werden. Manchmal hapert es auch an organisatorischen Voraussetzungen, zum Beispiel der Bus ist nicht frei, ein Betreuer mußte weg, ein Kind zum Arzt, Vorkommnisse, die der Alltag mit sich bringt. Langsam ergibt es sich jetzt, daß Heimerzieher, die über einen längeren Zeitraum das Voltigieren begleiten, Engagement und Zeit einsetzen, um den Umgang mit dem Pferd, Ausrüstung, Gegebenheiten etc. zu erlernen und am Pferd mitzuarbeiten. Seit 1991 erlernen jeweils zwei Heimerzieher in den Bereichen Heilpädagogisches Voltigieren und Reiten die reiterlichen Grundkenntnisse als Voraussetzung für ihre Mitwirkung in diesen Angeboten.

Heilpädagogisches Reiten

Zielsetzung und Zielgruppen, Aufbau der Veranstaltung

Abhängig von der jeweils vorhandenen Behinderung soll das selbständige Bewegen des Pferdes in der Bahn, im freien Gelände und gegebenenfalls auch im Wettkampfsport zusammen mit Nichtbehinderten Ziel des heilpädagogischen Reitens sein.
Im vorliegenden Fall wurde heilpädagogisches Reiten nur für behinderte Vereinsmitglieder angeboten, die bereits mindestens zwei Jahre am heilpädagogischen Voltigieren teilgenommen hatten. Es existieren mittlerweile zwei Behindertenreitgruppen mit jeweils vier bis fünf Mitgliedern.
Die Unterrichtsveranstaltungen finden je Gruppe einmal wöchentlich statt. Die Gestellung der Pferde sowie deren Ausrüstung obliegt dem Reiterhof Laubach. Die Veranstaltungen werden je zur Hälfte über die Träger der Behinderteneinrichtungen und der behinderten Teilnehmer selbst finanziert. Die persönliche Ausrüstung muß der Teilnehmer selbst beschaffen.

Der Reitausbilder und die Ausbildungspferde

Der Reitausbilder muß in der Lage sein, Pferde nach gültigen und verbindlichen Maßstäben auszubilden, das heißt, er sollte über eine entsprechend qualifizierte Grundausbildung verfügen, zum Beispiel im Amateurbereich die Ausbildung zum Reitwart, Amateurreitlehrer oder

Pferdewirtschaftsmeister. Zusätzlich ist eine professionelle Ausbildung für die Arbeit mit Behinderten erforderlich. Ebenso wichtig ist eine kontinuierliche Fortbildung in reiterlicher sowie pädagogisch-psychologischer Hinsicht. So kann es zur kritischen Reflektion der eigenen Reitausbildung kommen, die zu Überlegungen zur Gestaltung des Reitunterrichts für die geistig Behinderten oder anderer Zielgruppen, besonders Anfängergruppen, führen kann.

Die Pferde müssen bei möglichst natürlicher, artgerechter Haltung (Weidegang) auch vom Reitausbilder geritten werden. Nur so können die notwendigen Inhalte der Ausbildungsskala (Takt, Losgelassenheit, Anlehnung, Schwung, Geraderichtung, Versammlung) sowie die Reaktionen auf die reiterliche Hilfengebung stets überprüft, gegebenenfalls korrigiert werden. Hierzu bedarf der Ausbilder des eigenen Korrigiertwerdens.

Nur aus dem ständigen Dialog zwischen in Ausbildung befindlichem „Ausbilder", seinem Ausbilder und dem Pferd wird es zur reiterlichen Weiterentwicklung kommen.

Diesen Lehr- und Lerngrundsatz werden geistig behinderte Reiter auch miterleben und so dieses reiterliche Lernen auch als lebenlanges Lernen mit Pferden erfahren. „Reiten lernen" heißt nicht nur sich auf dem Pferd von A nach B zu bewegen, sondern zu einer Bewegungsharmonisierung zweier unterschiedlicher Lebewesen zu gelangen.

Vorbereitung

Im Hinblick auf die im Voltigieren in der Reithalle auf den Zirkel begrenzte Aktivität wird der Teilnehmer mit dem Hufschlag der Reitbahn (20 x 40 m) den Bewegungsmöglichkeiten im Raum (Huf-

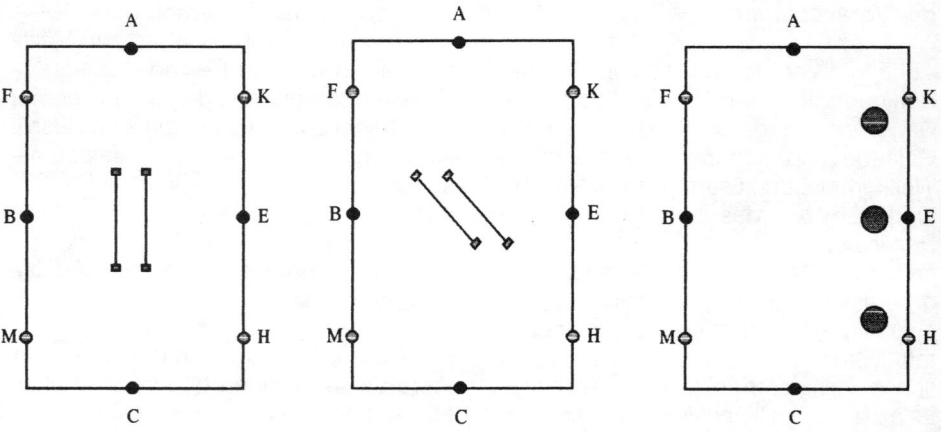

Cavalettis bilden eine Gasse, Hilfsmittel für durch die Länge der Bahn geritten oder durch die Länge der Bahn wechseln, eine Gasse zum Wechseln durch die ganze Bahn, Tonnen zur Einübung von Wendungen oder Biegung des Pferdes.

schlagfiguren) vertraut gemacht. Dazu dient ein Abschreiten der jeweiligen Strecken. Im folgenden werden einfache Hufschlagfiguren auf dem Pferd im Schritt mit auf nebenstehender Abbildung gezeigten Hilfsmitteln ausgeführt.

Zunächst wird die Teilnehmergruppe einzeln mittels Sitzübungen an der Longe auf einem Pferd mit den Grundgangarten Schritt, Trab und Galopp vertraut gemacht. Damit erfolgt gleichzeitig die Einführung in eine neue Situation; dem Be-

hinderten wird im Gegensatz zum Voltigieren das Auf- und Absitzen sowie das Sitzen auf dem gesattelten Pferd vermittelt. Zudem wird besonderer Wert auf die Übungen zur Erlernung des Leichttrabens gelegt, da sowohl Sitz- als auch Gangart den Behinderten aus der Voltigierausbildung kaum bekannt sind. Nach den hier gewonnenen Erfahrungen ist die Durchführung dieser Lerneinheit nur maximal fünfmal nötig. In den darauffolgenden Veranstaltungen reitet bereits jeder Behinderte „sein" Pferd.

Unterrichtspferde werden von der Weide geholt.

Zu Beginn jeder wöchentlichen Schulungsveranstaltung muß jeder Teilnehmer selbständig die Herrichtung seines Pferdes durchführen. Das den Teilnehmern bereits aus der Voltigierveranstaltung bekannte Putzen, Auftrensen und Gurten des Tieres wird nun ausschließlich durch den jeweiligen Reiter vorgenommen. Damit wird bereits Bekanntes

weitergeführt, gleichzeitig die Eigenverantwortlichkeit des Behinderten gestärkt. Das Satteln und Auftrensen wird vorab detailliert demonstriert und im Wesentlichen erklärt. Der Übungsleiter muß dabei zur korrekten Ausführung ständig motivieren und gegebenenfalls korrigierend und erklärend eingreifen.

Erste Reitübungen

Nach dem Herrichten der Pferde werden sie von den Reitern, den notwendigen Sicherheitsabstand einhaltend, in die Halle geführt. Dort erfolgt die Aufstellung mit gerader Ausrichtung auf eine lange Seite. Zaumzeug und Sattelung werden vom Ausbilder kontrolliert, die Pferde werden mit Stoßzügel oder zwei Ausbindern versehen. Nach erfolgtem Nachgurten sitzen die Schüler auf. Das begabteste Gruppenmitglied übernimmt die Vorreiterrolle für das folgende Abteilungsreiten. Dabei wird auf dem Hufschlag rechts- und linksherum hintereinander geritten. Ziel der ersten Ausbildungsstunden ist neben der Balancehaltung das Finden eines angemessenen Zügelmaßes sowie die Einhaltung der Richtung auf dem Hufschlag (das heißt ruhiges Sitzen im Sattel, gleichmäßige Schenkellage).

Weiterführende motorische Funktionsübungen

In den folgenden Übungsstunden wird mit dem Reiten der abgeschrittenen Figuren begonnen. Zweck dieser Bewegungsaufgaben ist das Erfahren der reiterlichen Hilfen. Der Schüler handelt dabei zunächst intuitiv. Die Aufgabe des Ausbilders ist es zunächst, dem Schüler nach oder während der Bewegungsaufgabe eben das Vorhandensein seiner Aktionen gegenüber dem Pferd sowie dessen Reaktionen bewußt zu machen. So kann etwa ein Schüler, der die Aufgabe gut bewältigt hat, die erlebte Situation, also seine eigenen Aktivitäten, unter Hilfestellung des Ausbilders der Gruppe darstellen. Die erlebte Situation wird daraufhin nochmals „bewußter" nachgeritten, wobei der Ausbilder durch Bewe-

gungshinweise die Ausführung der erkannten Abläufe verbessern hilft.

Der Erfolg der Verbesserung der Motorik für das Reiten muß individuell nach Art der Behinderung beurteilt werden. Dabei muß toleriert werden, daß behinderungsabhängige Abläufe zur Beeinflussung des Pferdes mitunter nicht nach Kriterien der klassischen Reitlehre erfolgen können, dennoch führen in diesem Sinne von außen fehlerhafte Abläufe oftmals zur gewünschten Reaktion des Pferdes.

Die Übungen zu Sitz und Hilfengebung werden in allen drei Grundgangarten praktiziert. Es hat sich gezeigt, daß sich nach den Ausführungen im Schritt Übungen im Leichttraben anschließen sollten, da die Vermittlung des Aussitzens im Trab viel Übungszeit erfordert und das Leichttraben Pferd und Reiter angemessener belastet.

Im Galopp werden einfache Strukturen (Reiten auf dem Hufschlag, ganze Bahn oder auf dem Zirkel) geübt.

Eigenständiges Reiten

Als Gruppenleistung in der klassischen Abteilungsform lernt der einzelne Reiter mit der Kommandoterminologie umzugehen. Gleichzeitig stellt eine Gruppenleistung hohe Anforderungen an örtliches und zeitliches Vorstellungsvermögen sowie an die Beobachtungsgabe im Hinblick auf die nötige Interaktion in der Gruppe. So muß der Schüler zum Beispiel für einen passenden Abteilungsaufmarsch seine gewünschte örtliche Lage, seine momentane Position sowie die Einflüsse anderer Gruppenmitglieder zu der notwendigen Geschwindigkeit und Wegbestimmung extrapolieren.

Die Einübung von Abteilungsaufgaben kann im Rahmen des normalen Unterrichtes nur in vergleichsweise geringem Umfang erfolgen. Die Einübung einer einfachen Quadrille geht über diesen Rahmen hinaus und wurde hier als 7-tägiger Extrakurs angeboten. Ebenfalls erfolgte ein Lehrgang zum Erwerb des „Kleinen Hufeisens".

Das ausschließliche Reiten von Einzelleistungen bietet sich im Rahmen der Unterrichtsstunden nach den hier gewonnenen Erfahrungen nicht an, da die Schüler mit der selbständigen Unterrichtsgestaltung überfordert sind.

Es hat sich bewährt, Abteilungsreiten und Einzelaufgaben zu kombinieren. Die Reitabteilung geht im Schritt auf den zweiten Hufschlag, ein Einzelreiter absolviert nach Anweisungen seinem Leistungsstand entsprechende Übungen. Besondere Anforderungen stellen neben dem allgemeinen räumlichen und zeitlichen Koordinierungsaufwand das Wegreiten von der Gruppe, Reiten gegen die Gruppenrichtung und von der Gruppe differierende Gangarten.

In Abhängigkeit von den Witterungsvoraussetzungen wird das Reiten in der Halle und auf dem Außenplatz betrieben. Dabei stellt das Reiten auf dem Außenplatz auf Sitz und reiterliche Hilfen größere Anforderungen, da dort eine Vielzahl von Umwelteinflüssen, insbesondere landwirtschaftliche Maschinen, Menschen, Tiere, andere Reiter, die Konzentration des Schülers beeinträchtigen und auch beim Pferd für den Behinderten nicht vorhersehbare Reaktionen ausgelöst werden. Die gewonnenen Erfahrungen zeigen, daß eben deshalb eine möglichst ausgewogene Mischung der beiden Unterrichtsräume erfolgen muß.

Reiten in der Abteilung auf dem Reitplatz.

4

Hinweise zur Reitlehre

Verpassen von Trense und Sattel sind als gesonderte Unterrichtseinheiten zu sehen. Im Interesse des Pferdes und der Schüler muß diese Tätigkeit langsam und ständig wiederholend eingeübt werden. Gut angenommen werden hierbei Aufgabenstellungen mit Spielcharakter, zum Beispiel wer rüstet das größte, das kleinste, das widerspenstigste Pferd aus? Das Anpassen der individuellen Bügellängen ist ebenfalls sorgfältig einzuführen.

Allgemeines Ziel ist auch hierbei: selbständiges, eigenverantwortliches reflektierendes Handeln zu entwickeln und zu fördern. Die geistig behinderten Schüler werden dabei wiederholt auf Hilfe von außen angewiesen sein.

Aufsitzen und Absitzen

Das selbständige Aufsitzen ohne Hilfestellung kann zuerst am gesattelten Holzpferd eingeübt werden. Die linke Hand greift dabei in die Vorderkammer des Sattels. Auf das feste Einstecken des linken Fußes in den mit der rechten Hand gehaltenen Steigbügel ist zu achten.

Das Abstoßen mit dem rechten Fuß und das gleichzeitige Fassen des linken Sattelrandes, bis der Körper des Schülers in Höhe des gesattelten Holzpferdes ist, im linken Bügel stehend, beschließt den ersten Teil der Aufgangsübung.

Die zweite Phase beginnt mit ruhigem Verharren bevor die rechte Hand vom hinteren Sattelrand auf den vorderen rechten Sattelrand in Höhe des Widerristes wechselt und das rechte Bein gestreckt über den Pferderücken gehoben wird. Ein für Pferd und Schüler angenehmes Platznehmen wird hiermit ermöglicht.

Begleitend bieten sich Gymnastikübungen aus E. Meyners „Fit aufs Pferd" an, die in Spielform beigebracht, den Unterricht auflockern und die für das Reiten erforderlichen Muskeln trainieren.

Beim Absitzen ist darauf zu achten, daß der Reiter sich mit beiden Armen vorn am Sattel abstützend das rechte Bein nach hinten hoch über den Pferderücken hebt und ausbalancierend langsam mit der rechten Körperseite am Pferd herunterrutscht.

Das Pferd wird danach nicht losgelassen. Die Steigbügel werden am unteren Riemen hochgezogen und mit dem Steigbügelriemenende gesichert. Das Lockern des Sattelgurtes schließt sich an.

– Der Sitz

Aus dem Sitz heraus soll der Reiter auch auf das Pferd einwirken können.

Grundsätzlich sind bei behinderten Reitern die gleichen Kriterien zu beachten wie bei jedem anderen Reiter. Allerdings sind bei Mehrfachbehinderten manchmal bestimmte Bewegungen nicht möglich. So müssen Schüler und Lehrer ausprobieren, mit welcher Sitzeinwirkung oder Hilfe dem Pferd die reiterliche Absicht verständlich gemacht werden kann.

Der Oberkörper soll senkrecht aus der Hüfte natürlich gerade gehalten werden, der Kopf soll hochgehalten und der Blick vor sich gerichtet sein.

Die Gesäßhälften sollen gleichmäßig belastet sein, der Oberschenkel mit der Beininnenseite soll losgelassen am Pferd anliegen. Dadurch hat das Knie eine tiefere Lage und der Unterschenkel kann mit seiner Innenseite weich mit dem Pferdekörper Verbindung haben. Die Ferse federt leicht nach unten.

Diese Grundlagen für den Reitsitz lassen sich an der Longe mit Gurt und Sattel einüben. Als hilfreich hat es sich erwiesen, die Schüler die eigene Körperwahrnehmung beschreiben zu lassen, dies einzuüben und durch den gezielten Einsatz von Körperbewegungen die spätere Hilfengebung vorzubereiten.

Im Hinblick auf die Hilfengebung ist auch die Arbeit am langen Zügel sinnvoll, da der Reiter auf gerader Linie durch den Ausbilder von hinten auf Sitz und Einwirkung hin zu beobachten ist.

Ist eine annähernde Sicherheit und Losgelassenheit im Reitsitz erreicht, so kann sich das Augenmerk auf die Zügelführung richten. Die Zügel laufen zwischen kleinem- und Ringfinger durch die ganze Hand nach oben. Zwischen Daumen und Zeigefinger laufen die Zügel aus der Hand und hängen am Pferdehals herunter. Das Greifen der Zügel kann mit verschiedenen Bändern, Schnüren oder Stricken vorgeübt werden. Reiterspiele, wie zum Beispiel ein Jugendlicher ist Pferd, ein Kind reitet und bindet dabei die Zügel um die Taille des „Pferdes", machen Spaß und automatisieren Zügelhaltung und Griffsicherheit.

An der Trense helfen dann Kennzeichen mit farbigem Klebeband ein gleichmäßiges Zügelmaß zu gewährleisten. Die geforderte stillstehende Hand ist für die zum Teil koordinationsschwachen und mehrfachbehinderten Menschen ein Problem, so daß die Pferde auf der Bahn oder auf dem Viereck mit einem Stoßzügel ausgerüstet sein sollten, im Gelände mit einem Martingal.

— Hilfengebung

Hilfengebung ist möglich, wenn ein annähernd losgelassener Sitz erreicht ist. Wechselnde Bewegungsaufgaben verdeutlichen dem Reiter die Notwendigkeit einer differenzierten Einflußnahme durch die reiterlichen Hilfen.

Aufgaben können sein:
— von Punkt A zu Punkt B gerade hinreiten,
— Hufschlagfiguren, die mit Hilfsmittel wie Cavalettis begrenzt sind, ausreiten,
— Gangartenwechsel,
— Rückwärtsrichten,
— Kehrtwendung.

Die Verständigung zwischen Reiter und Pferd geschieht durch die Hilfen.

Schenkelhilfen
Durch Druckverstärkung am Pferdeleib durch die beiden Reiterschenkel wird die Bewegung des Pferdes beschleunigt. Einseitiger Schenkeldruck kann das Pferd veranlassen, seitwärts zu gehen. Der entgegengesetzte Schenkel muß dabei durch Druck die Seitwärtsbewegung begrenzen. Der Schenkeldruck ist zu üben, vor allem durch gezielte Gymnastik, siehe E. Meyners „Fit aufs Pferd", um die Neigung zum „klopfenden" Schenkel nicht zu verfestigen.

Gewichtshilfen
Schenkelhilfen werden mit dem Gewicht unterstützt. Beidseitig belastende Gewichtshilfen regen in Verbindung mit treibenden Schenkelhilfen das Pferd zum Vorwärtsgehen an.

Bei der einseitig belastenden Gewichtshilfe wird das Gewicht betont auf eine Gesäßhälfte verlagert. Äußerlich ist eine tiefe Hüfte und eine gesenkte Knielage zu sehen. Durch die einseitige Gewichtsverlagerung erhält das Pferd den Antrieb, in dieser Richtung von der bisherigen Linie abzuweichen.

Bei der entlastenden Gewichtshilfe wird das Reitergewicht gleichmäßig auf Knie und Steigbügel verlagert, um den Pferderücken und die Hinterhand zu entlasten. Durch gezielte Bewegungsfragestellungen, zum Beispiel „Wie komme ich mit meinem Pony/Pferd am besten die kleine Sandkuhle hoch?" – das heißt treibende Schenkelhilfe, entlastende Gewichtshilfe und nachgebende Zügelhilfe – und aufmerksamer Förderung der eigenen Körperwahrnehmungen kann auch der geistig behinderte Reiter solche Aufgaben selbstverständlich lösen.

Zügelhilfen
sind sehr sorgfältig und ständig zu beobachten, da die Neigung, „mit den Zügeln das Pferd zu lenken", auch bei diesen Reitern sehr stark ist. Annehmen der Zügel führt zur Verlangsamung der Bewegung. Einseitiges Annehmen eines Zügels wird das Pferd seitwärts wenden lassen. Es bedarf der Einübung, das Ausweichen des Pferdes über die Schulter durch den äußeren Zügel zu verhindern. Die verwahrende Zügelhilfe begrenzt in den Wendungen die Längsbiegung des Pferdes. Einer annehmenden Zügelhilfe muß immer eine nachgebende Zügelhilfe folgen.

Die Einübung des Dialogs zwischen Reiter und Pferd durch das Zusammenspiel der reiterlichen Hilfen mit der verständlichen Einwirkung ist ein Teil des Inhaltes von Reitunterricht für mehrfachbehinderte Menschen und Pferde.

Ausritt.

Integration im Freizeitsport

Die Hälfte der Behinderten der hiesigen Reitgruppe waren nach einer Schulungszeit von 2-3 Jahren in der Lage, zusammen mit nichtbehinderten Reitern in einer Gruppe zu reiten oder gemeinsam auszureiten.

Voraussetzung dafür ist neben den reiterlichen Fertigkeiten die Kenntnis der Grundsätze für das Reiten im Gelände und im öffentlichen Straßenraum.

Zudem muß eine sach- und fachverständige Begleitung (in der Regel in Form eines Betreuers) gewährleistet sein.

Unabhängig davon nehmen Voltigiergruppen und die Reitgruppe am jährlichen Landesbehindertenreitfest in Lüneburg teil. Ebenso findet einmal im Jahr ein Behindertenreitfest in Rehbeck statt, zu dem Behinderten- und Integrationsgruppen aus Gifhorn und Lüneburg kommen.

Wettkampfsport für geistig Behinderte

Sofern seitens des Behinderten nicht aus eigenem Antrieb der Wunsch eines individuellen Leistungsvergleiches geäußert wird, sollte der Behinderte dazu auch nicht veranlaßt werden. In Abhängigkeit von der Art der Behinderung kann erwartet werden, daß eine negative Beurteilung nicht verstanden wird. Dies kann zu Konflikten innerhalb der Gemeinschaft führen, die insbesondere den sich anbietenden Gruppenaktivitäten abträglich sein können. Diese Aussage darf andererseits nicht verallgemeinert werden, in jedem Fall müßte eine diesbezügliche Entscheidung unter Berücksichtigung der jeweiligen Situation im Detail erfolgen.

In der hiesigen Gruppe zeichnet sich ab, daß die vier besten Reiter einen Leistungsvergleich untereinander anstreben. Diese Reiter werden in der Lage sein, das Zutreffen der Beurteilungen für die Leistungen der Wettbewerber nach den allgemein üblichen Beurteilungskriterien in Anlehnung an eine Dressuraufgabe der Klasse E erkennen zu können. Ich halte es für vorstellbar, daß, wenn dieser Leistungsvergleich positiv erlebt wird, der Wunsch nach Teilnahme an einem Vereinsturnier in einer E-Dressur entstehen könnte. Den Anforderungen wird nach dem bisherigen Leistungsstand nur bedingt entsprochen werden können.

Die Integration in den Turnierreitsport halte ich nur für vereinzelt möglich.

Im übrigen sollten Konzepte für gruppenbezogene Reiterspiele mit Wettkampfcharakter entwickelt werden.

Möglichkeiten und Grenzen der Integration im Bereich des Heilpädagogischen Voltigierens und Reitens

Leitgedanke für diese Arbeit ist, daß behinderte und nichtbehinderte Kinder, Jugendliche und Erwachsene in ihrer jeweils spezifischen Art und Weise derselben Realität und mit denselben Forderungen vertraut gemacht werden und damit besser umgehen lernen.

Die Entwicklung der letzten vier Jahre hat gezeigt, daß durch die Förderung homogener Zielgruppen und durch die Konfrontation von Behinderten und Nichtbehinderten im losen und festen Verbund zweier nebeneinander arbeitender Gruppen bis schließlich hin zu einer gemischten Gruppe folgende Veränderungen eintraten:

Bei den Behinderten höhere Lern- und Anpassungsmotivation
– im Bewegungshandeln,
– im Sprachverhalten,
– im Sozialverhalten,
– höhere Flexibilität im Allgemeinverhalten.

Bei den Nichtbehinderten Erweiterung des Lebens- und Erfahrungsraumes:
– das Bewegungshandeln wurde differenzierter; das Erkennen von Schwierigkeiten im motorischen Verhalten der Behinderten erleichterte die Bewußtwerdung eigener motorischer (sonst intuitiver) Bewegungsabläufe,
– das Sprachverhalten wurde allmählich auf die behinderten Gruppenmitglieder abgestimmt, so zum Beispiel durch die Zuhilfenahme nonverbaler Anteile und langsamerer Sprechweise,
– sozialorientiertes Verhalten rückte in den Mittelpunkt, Leistung wurde neu überdacht und neu bewertet.

Grenzen ergeben sich dort,

– wo sich Menschen auf diese Auseinandersetzung nicht einlassen können oder wollen,
– aus gesellschaftlichen Gründen,
– wo Ängste oder Vorurteile bestehen,
– wo Nichtbehinderte im Bereich Voltigieren und Reiten sportliche Leistung als vorrangig ansehen,
– wo organisatorische Voraussetzungen nicht gegeben sind,
– wo kein geeignetes Pferd vorhanden ist,
– wo keine entsprechenden Räumlichkeiten, Halle oder Platz vorhanden sind,
– wo flexible Betreuung unterschiedlicher Zielgruppen nicht möglich ist,
– wo der Behinderte überfordert ist oder er keinen positiven Zugewinn für seine Persönlichkeit findet,
– wo keine entsprechenden Ausbilder, Erzieher und die Integrationsarbeit unterstützende Menschen da sind.

Margarete Gehrke und Wilhelm Kaune

Voltigieren,

eine Möglichkeit der Freizeitgestaltung von

Behinderten und Nichtbehinderten

Wenn wir in diesem Beitrag den Begriff „Behinderte" verwenden, so handelt es sich grundsätzlich um geistig Behinderte. Alle sind oder waren Schüler der heilpädagogischen Tagesbildungsstätte der Lebenshilfe Gifhorn, einige sind inzwischen in der Werkstatt für Behinderte beschäftigt. In unseren Voltigiergruppen sind aber auch Lernbehinderte und Verhaltensauffällige sowie Kinder und Jugendliche aus einem Kinderheim dabei. Das Anliegen dieses Beitrages ist es aber, Möglichkeiten zur Integration geistig Behinderter aufzuzeigen.

Einleitung

Spricht man heute von der Erhöhung der Lebensqualität, so wird dabei vorrangig mit an Freizeit als entscheidendes Merkmal für Lebenszufriedenheit und persönliche Entfaltungsmöglichkeiten gedacht. Wir setzen voraus, daß hier der behinderte Mensch mit einbezogen und nicht aus einem wesentlichen Lebensbereich ausgeschlossen wird. Dieses beinhaltet, daß die freizeitpädagogischen Aspekte gegenüber den ausbildungs- und arbeitspädagogischen nicht vernachlässigt werden dürfen.

Die lange Zeit vorherrschende und noch zum Teil bestehende Meinung, die soziale Integration behinderter Menschen würde sich durch Förderungsangebote, produktive Arbeit und Beschäftigung von selbst einstellen, verschließt den Blick für den Sektor Freizeit. Der Freizeitbereich ist auch für den behinderten Menschen ein bevorzugtes Feld für individuelle Entfaltung und soziale Eingliederung. Die Bedeutung von Freizeitaktivitäten für behinderte Menschen wurde von einigen Mitarbeitern der Heilpädagogischen Tagesbildungsstätte der Lebenshilfe in Gifhorn erkannt, was sie dann veranlaßte, tätig zu werden. Neben anderen Freizeitangeboten wurde und wird das Voltigieren als eine Möglichkeit der Freizeitgestaltung und sozialen Integration angeboten.

Ausgangssituation und Entwicklung der gemeinsamen Freizeitgestaltung von Behinderten und Nichtbehinderten

Zur Ausgangssituation

Einige von uns waren bereits Mitglied im Reit- und Fahrverein Isenbüttel, einem kleinen dörflichen Reitverein. Wir waren als Übungsleiter, aktive Reiter oder auch nur deshalb in diesem Verein, weil unsere Kinder dort am Reiten oder/und Voltigieren teilnahmen. Nachdem wir zu dem Entschluß gekommen waren, Freizeitmöglichkeiten auch für behinderte Kinder und Jugendliche zu schaffen, überlegten wir die Einbeziehung der Behinderten in die sportlichen Aktivitäten des Vereines, um ihnen einen neuen Bereich der Freizeitgestaltung zu

eröffnen. Uns war bewußt, daß sportlicher Leistungsvergleich und Wettkampf im Sport mit Behinderten nur eine untergeordnete Rolle spielen dürfen. Unsere Bemühungen sollten folgende Ziele haben:
– sinnvolle Freizeitbeschäftigung,
– motorische Förderung,
– Rehabilitation,
– Integration der Behinderten.
Es sollte keine isolierte Behindertenarbeit im Verein, sondern gemeinsames sportliches Tun mit Nichtbehinderten sein.
Da in der Tagesbildungsstätte der Lebenshilfe Gifhorn „Heilpädagogisches Voltigieren" Bestandteil des Stundenplanes ist und jeder Schüler einmal in der Woche am „Heilpädagogischen Voltigieren" teilnimmt, hatten die behinderten Kinder und Jugendlichen schon vorher Kontakt zum Pferd und somit eine günstige Ausgangsposition. Hinzu kam noch, daß einige von uns als Voltigierausbilder oder -helfer im Verein tätig waren und wir für die Behinderten durch unsere Tätigkeiten in der Lebenshilfe bereits Bezugspersonen waren.
Der Vorstand des Reitvereins stimmte der Gründung der „Integrationsgruppe", wie wir sie nannten, zu. Nun konnte es losgehen.

Beginn des gemeinsamen Freizeitangebotes

Im Frühjahr 1981 traf sich die Gruppe zum ersten Mal zum gemeinsamen Voltigieren. Die fünf Nichtbehinderten kamen zunächst alle aus der Wettkampfgruppe, der bis dahin einzigen Voltigiergruppe des Vereines. Die fünf Behinderten waren alle Schüler und Schülerinnen der Tagesbildungsstätte der Lebenshilfe (in der Tagesbildungsstätte erfüllen geistig be-

hinderte Kinder und Jugendliche ihre Schulpflicht). Die Behinderten und Nichtbehinderten hatten als Gemeinsamkeit ihre Liebe zum Pferd. Über den Partner Pferd konnten sie sich sehr schnell verständigen und somit die ersten Berührungsängste abbauen. Es ergab sich von selbst, daß sie gemeinsam auf das Pferd gingen und miteinander Übungen ausführten. Eine günstige Voraussetzung für dieses Freizeitangebot war es auch, daß diese Behinderten und Nichtbehinderten bereits Erfahrung im Voltigieren hatten.
Die Gruppe beschloß, sich einmal wöchentlich zum gemeinsamen Voltigieren zu treffen. Diese Absprache wurde von allen Beteiligten sehr ernst genommen; es fehlte selten ein Gruppenmitglied.
Beim gemeinsamen Voltigieren entdeckten sie eines Tages, daß sie auch schwierige Übungen miteinander ausführen konnten, wenn die Aufgaben richtig verteilt wurden. Daraus ergab sich, daß Partnerübungen grundsätzlich miteinander zusammengestellt und geübt wurden. Dieser ersten „Integrationsgruppe" folgte schon bald eine weitere.

Die Zielsetzung

Durch das gemeinsame Voltigieren von Behinderten und Nichtbehinderten hatten wir uns folgende Ziele vorgestellt:

– eine geeignete und sinnvolle Freizeitbeschäftigung mit vielen neuen Erfahrungen und Erlebnissen aller Beteiligten einschließlich der Übungsleiter;
– Erweiterung der Kontaktmöglichkeiten;
– gegenseitiges Kennen- und Schätzenlernen von Behinderten und Nichtbehinderten;
– Förderung des Zusammenlebens zwi-

schen ihnen und Normalisierung der Beziehungen untereinander;
— Integration der behinderten Menschen in unsere Gesellschaft.

Die heutige Situation

Nach 11 Jahren Voltigieren als Freizeitangebot für Behinderte und Nichtbehinderte im Verein ist festzustellen, daß sich die Anzahl von zunächst 10 Voltigierkindern auf inzwischen 90 aktive Voltigierer erhöht hat, und zwar Kinder, Jugendliche und junge Erwachsene. Von denen werden 26 dem Personenkreis der geistig Behinderten zugeordnet. Zu diesen Behinderten kommen noch lernbehinderte und verhaltensauffällige junge Menschen hinzu. Im Verein gibt es nun acht Voltigiergruppen und fünf Einzelvoltigierer. Drei von diesen acht Gruppen sind Turniergruppen, die anderen Freizeit- oder Nachwuchsgruppen. In fünf dieser Gruppen sind geistig Behinderte dabei und drei Behinderte gehören der CN-Turniergruppe an. Daß in den drei anderen Gruppen keine Behinderten dabei sind, ist zufällig. Der Verein hat vor 11 Jahren

mit einem Voltigierpferd begonnen, inzwischen stehen vier Pferde zur Verfügung. Von den 11 Übungsleitern und Helfern sind acht pädagogische Mitarbeiter der Lebenshilfe und zwei davon besitzen die reitsportliche Qualifikation und Zusatzausbildung für das heilpädagogische Voltigieren/Reiten.

Der Verein hat keine eigene Reitanlage und Reithalle, dadurch treten immer wieder Schwierigkeiten auf, wenn es zum Beispiel um Hallenbelegung, Weidegang der Pferde etc. geht. Das Reiten und auch das Reiten als Sport für Behinderte mußte der Verein aus den erwähnten Gründen einschränken. Eine Erweiterung der Voltigierangebote ist ebenfalls nicht möglich und viele Interessierte müssen deshalb auf einen späteren Zeitpunkt vertröstet werden.

Damit die bewährte Integrationsarbeit weitergeführt und eventuell erweitert werden kann, benötigt der Verein unbedingt eine eigene Reitanlage. Dieses kann dieser Verein mit seinem freizeitpädagogischen Ansatz von gemeinsamer Freizeitgestaltung Behinderter und Nichtbehinderter aus finanziellen Gründen jedoch niemals allein leisten.

Voraussetzung für gemeinsame Freizeitgestaltung

Der Reitverein

Der Reitverein, bestehend aus Vorstand, aktiven und fördernden Mitgliedern, muß sich gesprächsbereit und offen für gemeinsame Freizeitgestaltung Behinderter und Nichtbehinderter zeigen, sobald dieses Anliegen an ihn herangetragen wird. Wenn der Verein Bereitschaft zu solchen Aktivitäten signalisiert und ein

Übungsleiter sich bereit erklärt, behinderte Teilnehmer mit in die bestehende Gruppe aufzunehmen oder eine neue Gruppe zu bilden, so kann mit dem gemeinsamen Freizeitangebot begonnen werden.

Das laufende Gespräch zwischen allen Beteiligten (Vorstand, Mitglieder,

Übungsleiter und den Initiatoren dieser gemeinsamen Angebote) ist wichtig, damit Offenheit und Bereitschaft an diesem Tun erhalten bleiben. Auch die laufenden Rückmeldungen sind für alle Beteiligten notwendig. Dem Verein muß bewußt sein, daß der Schwerpunkt dieser Arbeit nicht im Leistungsbereich angesiedelt ist, sondern hier die soziale Integration aller Beteiligten entscheidend ist. Nur so kann verhindert werden, daß Meinungen, wie zum Beispiel „Übungsleiterkapazitäten gehen dem Leistungssport verloren", auftreten und sich möglicherweise durchsetzen. Denn es darf nicht vergessen werden, daß jeder Sportverein, bedingt durch die sportliche Konkurrenz, Leistungsträger hervorbringen will. Es muß den Vereinsvertretern bewußt werden, daß sowohl Leistungs- als auch Freizeitsport mit dem Ziel der sozialen Integration Behinderter in einem Verein nebeneinander möglich sind.

Die Reitanlage

Die Reitanlage kann entweder Eigentum des Reitvereines sein oder sich im Besitz einer Privatperson befinden. Ist es eine vereinseigene Anlage, so wird es sicherlich problemloser sein, da sich der Verein ja bereits auf die Anwesenheit und das Mitmachen von Behinderten eingestellt hat. Befindet sich die Reitanlage dagegen im Privatbesitz, so muß der Besitzer die Anwesenheit Behinderter auf seinem Anwesen tolerieren und akzeptieren. Durch die nicht immer den üblichen Vorstellungen entsprechenden Verhaltensweisen von Behinderten können Schwierigkeiten mit dem Eigentümer und/oder mit dessen weiterem Publikum (Pferdebesitzer, die ihre Tiere dort eingestellt haben, andere Reiterinnen und Reiter etc.) auf-

treten. In diesem Fall sollte durch vermittelnde Gespräche versucht werden, mehr Toleranz, Offenheit und Kontaktbereitschaft zu den Behinderten herzustellen. Nur so ist ein besseres gegenseitiges Kennen- und Verstehenlernen möglich. Als Reitverein ohne eigene Reitanlage haben wir unterschiedliche Reaktionen von Reitstallbesitzern erfahren. Sie reichen von vorurteilsfreier Annahme der Behinderten bis hin zu deren versteckter Ablehnung. Negative Einstellungen zu Behinderten werden häufig dadurch sichtbar, daß zum Beispiel bei unliebsamen Vorkommnissen grundsätzlich zuerst die Behinderten als Verursacher verdächtigt werden. Offene Ablehnung der Behinderten hat bisher noch kein Reitstallbesitzer geäußert, was zum einen sicher daran liegt, daß der Verein unbeirrbar seine Integrationsarbeit vertritt. Zum anderen bedeutet der Verein mit seinen vier Pensionspferden und etlichen Reitschülern, die letztendlich dort Kunden sind, für den Reitstallbesitzer eine regelmäßige Einnahmequelle.
Nach unseren nunmehr langjährigen Erfahrungen mit verschiedenen Reitstallbesitzern sind wir zu der Meinung gekommen, daß eine vereinseigene Reitanlage eine der Voraussetzungen für die gemeinsame Freizeitgestaltung von Behinderten und Nichtbehinderten ist.

Der Übungsleiter

An den Übungsleiter werden besondere Anforderungen gestellt: Er muß zugleich ein guter Pädagoge, Pferdefachmann und Voltigierausbilder sein und sollte Erfahrungen im Umgang mit Behinderten und Nichtbehinderten mitbringen. Als Pädagoge muß er ein gutes Einfühlungsvermögen besitzen, muß die individuellen

Möglichkeiten der behinderten und nicht-behinderten Voltigierer erkennen, um diese zum Bewältigen der gemeinsamen Aufgabe zu aktivieren. Der Integrationsgedanke muß auch den Eltern der Behinderten und Nichtbehinderten nähergebracht werden, so daß auch sie bereit sind, sich dafür einzusetzen.

Als Pferdefachmann und Voltigierausbilder muß er sicher im Umgang mit Pferden sein, denn seine Sicherheit überträgt sich auf die Voltigierer. Fachgerechtes Longieren und umfassende Kenntnisse über den Aufbau und die Ausführung der einzelnen Voltigierübungen sind die Grundvoraussetzungen. Nur ein Übungsleiter, der diese Voraussetzungen mitbringt, wird es erreichen, daß das Lernfeld „Voltigiergruppe" für behinderte und nichtbehinderte Teilnehmer ein gemeinsames, positives Freizeiterlebnis wird. Dies führt zu deren Selbstfindung und Selbstentfaltung und verhilft ihnen somit zu einer verbesserten Lebensqualität.

Für den Übungsleiter von integrativen Gruppen sollten die gleichen Voraussetzungen verlangt werden, wie sie beim „Heilpädagogischen Voltigieren" vom Deutschen Kuratorium für Therapeutisches Reiten empfohlen sind:
— eine abgeschlossene pädagogische beziehungsweise psychologische Ausbildung,
— die Qualifikation als Voltigierausbilder,
— die Zusatzausbildung im heilpädagogischen Voltigieren.

Der Helfer

Unsere Erfahrungen haben gezeigt, daß bei integrativen Gruppen neben dem Übungsleiter ein Helfer notwendig ist. Ideal ist ein Helfer mit pädagogischer Vor- oder Ausbildung und Kenntnissen im Longieren und Voltigieren, denn auf ihn kommen ebenfalls Aufgaben zu, die einen angemessenen Umgang mit den Voltigierern und dem Pferd erfordern:

— er führt in der Regel mit den Voltigierern die vorbereitende Gymnastik durch,
— er trainiert mit den Voltigierern Übungen am Holzpferd,
— er muß eventuell auch einmal das im Schritt gehende Pferd an die Longe nehmen, wenn der Übungsleiter andere Aufgaben wahrnimmt.

Dadurch, daß zwei Ausbilder zur Verfügung stehen, werden außerdem lange Wartezeiten vermieden.

Die Voltigierer/die Voltigiergruppe

In unserer Arbeit mit integrativen Voltigiergruppen haben wir festgestellt, daß eine Zusammensetzung von fünf Behinderten und fünf Nichtbehinderten eine günstige Voraussetzung darstellt. Je nach Art und Schwere der Behinderung sind hier aber Abweichungen erforderlich; die Anzahl der Behinderten sollte jedoch nicht die der Nichtbehinderten überschreiten. Bei der Zusammensetzung der Gruppe sollte beachtet werden, daß der Altersunterschied nicht zu groß ist und die Bedürfnisse der einzelnen Voltigierer nicht allzu weit auseinanderliegen. Die Kontaktaufnahme und Normalisierung der Beziehungen untereinander kann nur erreicht werden, wenn gemeinsames Tun möglich ist, bei dem sich alle als gleichwertige Gruppenmitglieder akzeptieren. Mitleid oder soziale Überreaktionen stellen ungeeignete Voraussetzungen dar, sie verhindern eine echte Interaktion.

Die Eltern

Durch das allmähliche Miteinbeziehen eines einzelnen Behinderten in unserem kleinen dörflichen Reitverein (Geschwister und Eltern waren hier ebenfalls schon aktive Mitglieder), entwickelte sich bei anderen Eltern und weiteren Vereinsmitgliedern eine positive Einstellung zu Behinderten. Vorurteile und Berührungsängste, bedingt durch Unkenntnis, wurden abgebaut.

So ergab es sich, daß Eltern von Behinderten ihre Kinder im Verein anmeldeten, damit auch sie am Voltigieren teilnehmen können. Für die Eltern der Nichtbehinderten war dieses eine selbstverständliche Angelegenheit. Mit der Ausweitung des Voltigierangebotes hat sich mittlerweile sowohl die Elternschaft der Behinderten als auch die der Nichtbehinderten erheblich erweitert. Bis heute ist von keiner Seite eine ablehnende Haltung gegenüber den Behinderten gezeigt worden, obwohl sich vereinzelte ältere Eltern von Behinderten mit dem Integrationsgedanken schwertun.

Bei Erweiterungsprojekten des Vereines, zum Beispiel Hallenbau, ist festzustellen, daß Eltern von Nichtbehinderten in der Mehrheit entschiedener auftreten als einige Eltern von Behinderten.

Gestaltung einer Übungsstunde

Unsere Übungsstunden sind auf 60 Minuten in der Halle oder auf dem Platz festgelegt. Für die Vorbereitung des Pferdes vor dem Voltigieren und für Aufgaben nach dem Voltigieren sind jeweils 30 Minuten vorgesehen (Pferdedienst).

Für den Pferdedienst gibt es einen Plan, er wird jeweils von einem Behinderten und einem Nichtbehinderten gemeinsam durchgeführt.

Sind die Voltigierer Anfänger, ob behindert oder nicht, steht der Aufbau von Vertrauen zum Pferd schon beim Pferdedienst im Vordergrund.

Am Anfang einer jeden Voltigierstunde ist eine Aufwärm- und Lockerungsphase selbstverständlich. Der Sinn der Aufwärmgymnastik sollte den Voltigierern bewußt gemacht werden. Gleichzeitig geschieht das Lösen des Pferdes durch Ablongieren auf beiden Händen.

Bereits zu Beginn der Voltigierstunde ist die Mitwirkung eines Helfers notwendig. Er kann entweder die Gymnastik mit den Voltigierern durchführen oder das Pferd lösen.

Nachdem Voltigierer und Pferd sich gelockert und gelöst haben, läuft jeder Voltigierer ans Pferd und lobt es durch Klopfen an den Hals. Dieses kann im Schritt oder im Trab geschehen. Nach dieser Kontaktaufnahme mit dem Pferd führen wir mindestens noch eine Bewegungsanpassungsübung durch. Wichtig bei dieser Bewegungsübung ist, daß gleichzeitig mehrere Voltigierer beteiligt sind und wenn möglich am trabenden Pferd.

Übungsbeispiel für eine Bewegungsanpassungsübung: Pferd im Trab

Zwei Voltigierer haben sich angefaßt und laufen innen am Pferd mit. Einer der beiden hält sich am Griff des Gurtes fest. Ein dritter Voltigierer läuft außen, ebenfalls

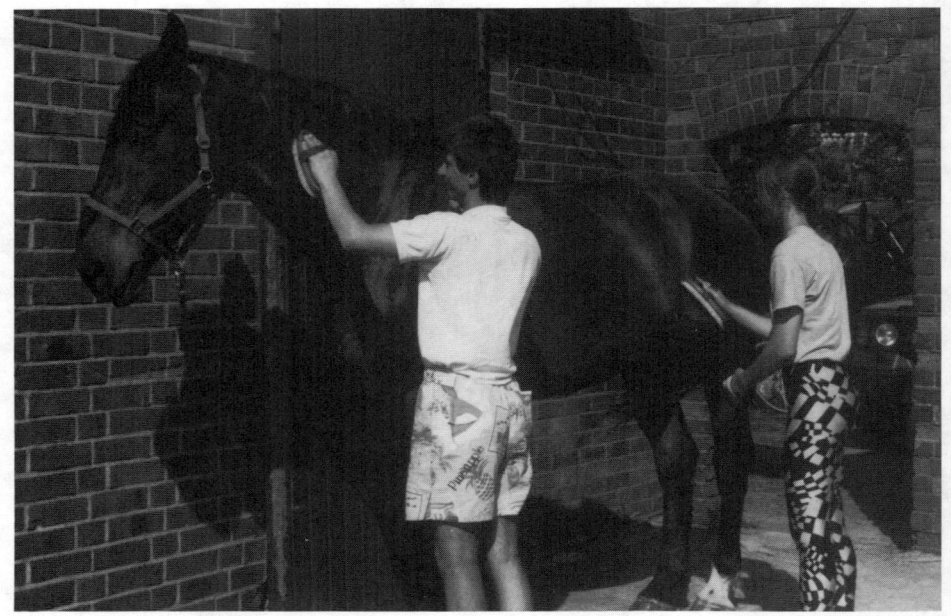

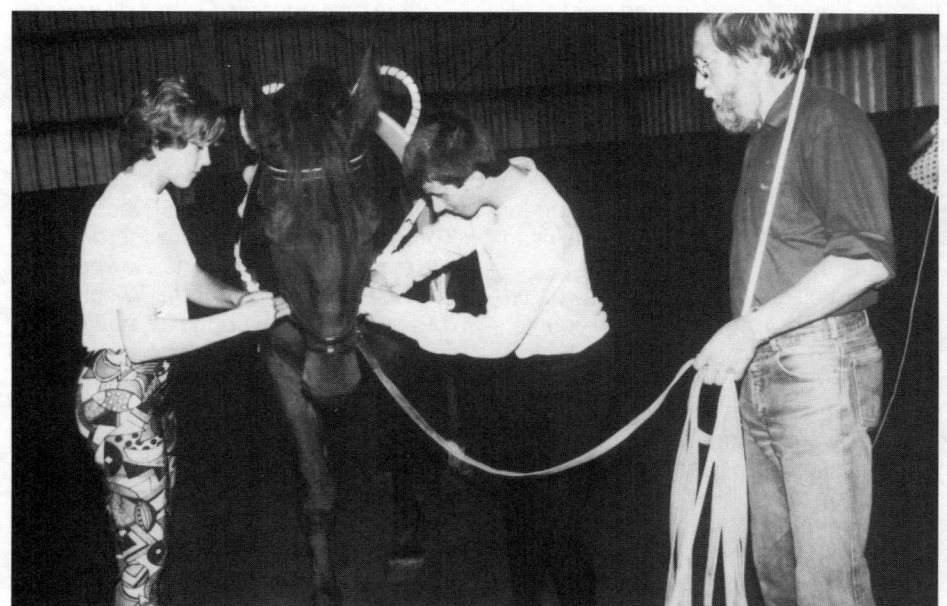

Hartmut und Ruth bereiten gemeinsam „Rassan" für die Voltigierstunde vor.

am Griff des Gurtes angefaßt, mit. Auf Zuruf des Übungsleiters „Wechseln!", wechselt der innen Laufende am Griff nach außen zum Griff des Gurtes. Während der bisher außen Laufende zur Gruppe zurückkehrt, läuft ein nächster Voltigierer innen ans Pferd und faßt den dort verbliebenen Voltigierer an die Hand, dieser hat inzwischen den Innengriff des Gurtes erfaßt.

Diese Übung ist beendet, wenn alle Voltigierer die drei Positionen am Pferd durchlaufen haben.

Diese Übung erfordert Anpassung des eigenen Bewegungsrhythmusses an den des Pferdes und der Mitvoltigierer, schnelles Reagieren und hohe Konzentration.

Diese oder ähnliche Übungen am Pferd fordern Behinderte und Nichtbehinderte

zur Kooperationsbereitschaft auf. Funktioniert die Zusammenarbeit nicht, so wird eine Übung wie diese kaum gelingen.

Nach dieser Kontaktaufnahme mit dem Pferd und den Übungen am Pferd beginnen die ersten Übungen auf dem Pferd. Damit nicht zu lange Wartezeiten entstehen, üben immer einige Voltigierer am Holzpferd.

Die ersten Übungen auf dem Pferd sind meistens Einzelübungen. Galopp- und Schrittphasen wechseln miteinander ab; länger als 15 Minuten darf das Pferd nicht durchgaloppieren.

Um eine einseitige Belastung des Pferdes und ein einseitiges Training der Voltigierer zu vermeiden, sollte auch auf der rechten Hand voltigiert werden. Gegenseitige Hilfestellung beim Auf- und Ab-

Bewegungsanpassungsübung: Wechsel von innen nach außen.

gang ist für alle eine Selbstverständlichkeit. Nichtbehinderte helfen den Behinderten und umgekehrt. Helfen und Helfenlassen ist ein wichtiger Bestandteil des gemeinsamen Voltigierens.

Helfen und Helfenlassen ist hier selbstverständlich.

In allen unseren Voltigiergruppen ist festgelegt, daß niemand im Schritt allein auf das Pferd steigt. Wir haben diese Regelung getroffen, um die Pferde vor laufender Zufügung von Schmerzen zu schützen. Nach dem ersten Übungsteil auf dem Pferd erfolgt der zweite Übungsteil. Dieser Teil ist der eigentliche Hauptteil der Übungsstunde, denn hier werden schwerpunktmäßig Partnerübungen ausprobiert und trainiert. Die Übungen sind immer Gemeinschaftsaufgaben zwischen Behinderten und Nichtbehinderten. Dabei kommen stets die individuellen Möglichkeiten des einzelnen zum Tragen. In der Zusammenarbeit übernimmt in der Regel der Behinderte die Stütz-und Halteübungen. Daraus gehen nach unseren Erfahrungen harmonische und leistungsstarke Partnerübungen zu zweit und zu dritt hervor. Durch dieses gemeinschaftlich erreichte Ergebnis erhalten so-

wohl Behinderte als auch Nichtbehinderte viel Anerkennung und haben Erfolgserlebnisse. Kooperationsbereitschaft und das Erlebnis gegenseitiger Zuverlässigkeit werden hier erfahren. Zum Beispiel die Übung „Stehen über der Bank", ausgeführt im Schritt oder Galopp, erfordert ein hohes Maß an Verantwortungsbewußtsein bei dem Behinderten und Vertrauen bei dem Nichtbehinderten.

Stehen über der Bank.

Die Übung „Stehen über der Bank" beinhaltet Verantwortungsbewußtsein und gegenseitiges Vertrauen, sie fordert ein hohes Maß an Konzentration und Aufgabenbezogenheit. Hier hat Ruth großes Vertrauen zu Uwe, sie weiß, auf Uwe kann ich mich verlassen. Uwe ist sich seiner Verantwortung bewußt, er weiß, wenn ich die Bank nicht halte, kann Ruth fallen und sich verletzen.

Es ist nicht nur eine ausgezeichnete sportliche Leistung, die hier ein behinderter Voltigierer und eine nichtbehinderte Voltigiererin miteinander zeigen, sondern auch eine gemeinsame, auf gegenseitiges Vertrauen und Verantwortung aufbauende Partnerleistung.

Ausklang

Dieser Teil bildet den Abschluß der Übungsstunde, wobei die Voltigierer eine bekannte Übung nach Wunsch durchführen oder eine neue Übung erfinden. Der Ausklang kann auch ein gemeinsames Voltigierspiel sein.

Eine beliebte Wunschübung ist das Voltigieren ohne Gurt.

Aufgaben nach dem Voltigieren

Die Voltigierer, die mit dem Pferdedienst an der Reihe sind, reiten das Pferd trocken und versorgen es anschließend bis hin zum Führen in die Box oder auf die Weide.

Aufbau einer

	Voltigierer
Pferdedienst	1 Behinderter 1 Nichtbehinderter
Aufwärmphase	Aufwärmen und Lockern durch gymnastische Übungen.
Übungen am Pferd	Kontaktaufnahme mit dem Pferd, loben durch Klopfen am Hals, Bewegungsanpassungsübungen am Pferd, nach Möglichkeit mehrere Voltigierer gleichzeitig.
1. Übungsteil	Einzelübung auf dem Pferd.
2. Übungsteil	Partnerübungen auf dem Pferd.
Ausklang	Wunschübung: Die Voltigierer wählen die Übung, die sie zeigen möchten, auf Wunsch oftmals auch ohne Voltigiergurt. Die Wunschübung kann auch ein gemeinsames Spiel sein. Wird ein Gruppenspiel zum Abschluß im Trab oder Galopp durchgeführt, so müssen 10-15 Minuten noch zum Trockenreiten zur Verfügung stehen.
Aufgaben nach dem Voltigieren	Pferdedienst reitet das Pferd trocken. Weitere Aufgaben: Gurt abnehmen und wegräumen, Longe aufwickeln, ⎤ diese Aufgaben Peitsche wegbringen, ⎬ übernimmt der nächste Hufschlag ebnen. ⎦ Pferdedienst

Übungsstunde

Pferd	*Zusatzaufgaben*
aus der Box / von der Weide holen, am Putzplatz anbinden, putzen, Mähne bürsten, Schweif reinigen, Hufe auskratzen, Voltigiergurt auflegen und Pferd trensen. Pferd in die Reithalle führen.	Putzplatz fegen. Putzzeug und Halfter wegräumen.
Lösen durch Ablongieren auf beiden Händen ohne Ausbinder, Ausrüstung überprüfen, nachgurten, Ausbinder einhaken.	
wenn möglich Trab, sonst Schritt linke evtl. auch rechte Hand. Evtl. auch Galopp linke Hand, evtl. auch rechte Hand.	
Schritt oder Galopp, linke evtl. auch rechte Hand.	
Schritt oder Galopp, linke evtl. auch rechte Hand. Im 1. und 2. Übungsteil wird der Galopp immer wieder durch Schrittphasen unterbrochen. Der Galopp soll 15 Minuten nicht überschreiten. Im Schritt werden die Ausbinder ausgehakt.	Am Holzpferd werden Übungen geübt und ausprobiert, die anschließend auf dem Pferd gezeigt werden.
Schritt.	
Schritt, Trab und/oder Galopp.	
Schritt ohne Voltigiergurt. Pferd abtrensen und Halfter anlegen, Hufe auskratzen, Pferd in den Stall oder auf die Weide bringen.	Trensengebißstück abwaschen und Trense wegräumen.

Möglichkeiten für die Übungsstunde

– Einzelübungen

Wir wählen und üben schwerpunktmäßig die Einzelübungen aus dem normalen Voltigierprogramm, die wir benötigen, um gemeinsame Partnerübungen für Behinderte und Nichtbehinderte zu entwickeln und zusammenstellen zu können. Sie bilden die Grundlagen und Voraussetzungen für das gemeinsame sportliche Erfolgserlebnis. Einzelübungen, die wir schwerpunktmäßig mit den Voltigierern üben, können zum Beispiel sein:
– Grundsitz,
– Knien,
– Bank,
– Fahne,
– Standwaage in der Schlaufe vorwärts,
– Prinzensitz,
– Schneidersitz.

– Partnerübungen

Bereits zu Beginn des gemeinsamen Voltigierens kann man einfache Partnerübungen durchführen. Sie können gemeinsam entwickelt und ausprobiert werden. Dieses macht Spaß und verlangt Kooperationsbereitschaft. Gleichzeitig fördert es die Kreativität.

Die Übungen werden zuerst auf dem Holzpferd ausprobiert. Danach auf dem Pferd im Halten oder im Schritt, später im Galopp. Als Partnerübungen bieten sich an:
– Doppelgrundsitz,
– Grundsitz – Knien,
– Doppelknien,

Gemeinsame Partnerübungen von Behinderten und Nichtbehinderten zu zweit und zu dritt.

- Grundsitz – Prinzensitz,
- Doppelprinzensitz,
- Grundsitz – Stehen,
- Stehen über der Bank,
- Dreiergrundsitz,
- Grundsitz auf dem Hals – Knien – Stehen,
- Doppelfahne,
- Fahne gegeneinander.

Die Übungen können zunächst angefaßt, später frei durchgeführt werden.
Werden Partnerübungen im Galopp durchgeführt, dann niemals am Anfang der Galopparbeit. Die Belastung des Pferdes kann nur allmählich gesteigert werden.

– Gemeinsame Spiele

Mit den unterschiedlichen Bewegungsspielen am Pferd läßt sich eine Übungsstunde immer wieder auflockern und alle Voltigierer zu einer gemeinsamen Aufgabe motivieren. Sie machen Spaß und bereiten viel Freude. Voltigierspiele eignen sich für die „Aufwärmphase" bei den „Übungen am Pferd" oder als „Ausklang". Sie können aber auch in die Übungsteile 1 und 2 als Auflockerung eingebaut werden.
Bereits vor Beginn von Spielangeboten in integrativen Voltigiergruppen sollten folgende Überlegungen angestellt werden:
- Jedes Spiel soll allen Spaß machen! In integrativen Voltigiergruppen muß deshalb darauf geachtet werden, daß gegebenenfalls Hilfen gegeben und diese auch angenommen werden. Es sollten auch gegenseitige Sympathien/Freundschaften der Voltigierer Berücksichtigung bei der Spielplanung und Durchführung finden.
- Die jeweiligen Spielregeln müssen von allen Beteiligten hinreichend verstanden werden, daß heißt es müssen für alle übersichtliche Spielregeln bestehen. Es dürfen weder zu schwierige noch zu einfache Spielabläufe angeboten und durchgeführt werden, so daß sowohl Überforderung als auch Langeweile bei allen Teilnehmern weitestgehend ausgeschlossen werden.
- Ein Spielleiter (Voltigierhelfer) steht den Voltigierern zur Seite, er hilft bei Bedarf.

Die nachfolgend beschriebenen Spiele stellen in der aufgeführten Reihenfolge weder eine Wertigkeit noch ein hierarchisches aufeinander Aufbauen dar. Auf eine Auflistung der jeweiligen Lernziele bei den einzelnen Spielen wurde weitgehend verzichtet.

Slalomlauf hinter dem Pferd

Material: ist nicht erforderlich.
Spielverlauf: Das Pferd schreitet oder trabt links- oder rechtsherum. Die Voltigierer stellen sich in einer Reihe hintereinander auf und bewegen sich, etwa zwei Meter nach außen versetzt, gehend oder laufend hinter dem Pferd. Dabei halten alle genügend Abstand vom Vordermann. Der letzte in dieser Reihe läuft nun in Slalomform durch die Lücken in der Reihe nach vorne und wird Erster. Das Spiel setzt sich so fort, bis jeder Teilnehmer mindestens einmal Erster geworden ist.
Variante: Es kann seitwärts (rechts- und linksseitig) gegangen oder gelaufen werden.
Anmerkung: Dieses Spiel läßt sich sehr gut mit der Aufwärmgymnastik verbinden. Einzelne Mitspieler, die den Begriff „Slalom-Lauf" (noch) nicht einordnen können, können von anderen Teilnehmern an die Hand gefaßt werden und so diesen Begriff erleben und erlernen.

Spiel mit Namen-Rufen
Material: ist nicht erforderlich.
Spielverlauf: Während das Pferd im Schritt, Trab oder Galopp geht, bewegen sich die Voltigierer entsprechend der Gangart des Pferdes in einer Reihe nebeneinander hinter der Longe her. Dabei sitzt ein Mitspieler auf dem Pferd und ruft in kurzen Abständen die Namen aller Voltigierer auf. Jeder namentlich genannte Teilnehmer setzt sich sofort in die Hocke. Wenn alle Mitspieler in der Hocke sitzen, stehen sie wieder auf, sobald die Longe über ihren Kopf hinweggegangen ist und laufen wieder hinter der Longe her. Sind alle Teilnehmer aus der Hockstellung „befreit", kann ein anderer Voltigierer aufs Pferd und die Namen aufrufen.
Variante: Niemand sitzt auf dem Pferd, die Namen der Mitspieler werden von demjenigen gerufen, der sich neben dem Voltigierpädagogen oder neben dem Pferd befindet.
Anmerkung: Dieses Spiel kann zwischendurch, zum Beispiel wenn das Pferd rechtsherum longiert wird, aber auch zum Schluß einer Voltigierstunde durchgeführt werden.

Ballwerfen und -fangen
Material: ein weicher Schaumstoffball.
Spielverlauf: Ein Voltigierer sitzt auf dem schreitenden oder galoppierenden Pferd, die übrigen stehen am Rande des Zirkels verteilt. Der auf dem Pferd sitzende Voltigierer besitzt den Ball, ruft dann den am nächsten befindlichen Mitspieler beim Namen und wirft diesem sogleich den

Der Ball wird zum Fangen zugeworfen.

5

Ball zu. Dieser „Fänger" wirft den Ball sofort seinem entgegengesetzt zur Gangrichtung des Pferdes stehenden Nachbarn zu. Der Ball wird nun solange im Kreis weitergeworfen, bis er dem auf dem Pferd sitzenden Mitspieler von vorne zugeworfen werden kann. Hat der auf dem Pferd sitzende Voltigierer ein- oder zweimal den Ball gefangen, sitzt er ab und der Nächste ist an der Reihe. (Eine verbindliche Spielregel muß vor Beginn des Spieles getroffen werden!)

Variante: Der auf dem schreitenden Pferd sitzende Voltigierer reicht statt des Balles einen Kegel weiter. Dies bildet eine verlangsamte Alternative zum Ballwerfen und ist daher nach unseren Erfahrungen für jüngere Voltigierer beziehungsweise für solche integrativen Gruppen, in denen auch schwerer behinderte Voltigierer dabei sind, besonders geeignet.

Laufspiel 1
Material: ist nicht erforderlich.
Spielverlauf: Ein Voltigierer läuft an der Longe entlang zum schreitenden oder trabenden Pferd und streichelt dessen Hals. Dann ruft er den Namen eines Mitspielers auf und läuft danach sofort um das Pferd herum. Dort faßt er den äußeren Griff des Gurtes und läuft noch solange mit, bis der nächste Teilnehmer einen weiteren Mitspieler aufgerufen hat und nun zur Außenseite des Pferdes gelaufen kommt. Das Spiel ist zu Ende, wenn jeder Teilnehmer jeweils einmal „innen" und „außen" mitgelaufen ist.
Anmerkung: Das Laufen zum Pferd, mit dem Pferd und um das Pferd herum erfordert von allen Beteiligten eine gute körperliche Kondition und trainiert diese gleichzeitig. Bei jüngeren oder in ihrer körperlichen Schnellkraft und Ausdauer

(noch) nicht so leistungsfähigen Voltigierern sollte daher sorgfältig auf das richtige Maß geachtet werden, hier empfiehlt sich dieses Spiel am schreitenden Pferd. Konditionsstarke Voltigiergruppen führen dieses und ähnliche Laufspiele nach unseren Beobachtungen sehr gerne am trabenden Pferd durch.

Laufspiel 2
Material: ist nicht erforderlich.
Spielverlauf: Alle Voltigierer stehen am Rande des Zirkels. Die ersten zwei Mitspieler laufen auf Zuruf des Voltigierpädagogen an der Longe entlang zum schreitenden oder trabenden Pferd. Dort faßt einer an dessen Widerrist, der andere legt die Hand auf die Kruppe. Auf Zuruf des Voltigierpädagogen wechselt der am Widerrist befindliche Teilnehmer zur Kruppe, der bis dahin dort befindliche Voltigierer läuft zur Gruppe zurück, während ein dritter Voltigierer zum Widerrist des Pferdes läuft. Wenn alle Mitspieler die Stationen „Widerrist" und „Kruppe" durchlaufen haben, ist das Spiel zu Ende. Varianten: Das Spiel kann auch so durchgeführt werden, daß sich immer drei Voltigierer am Pferd befinden. Der Mitspieler an der Kruppe kann zum Beispiel dabei um das Pferd herum nach außen laufen und dort an den Gurtgriff fassen, während der andere vom Widerrist zur Kruppe wechselt und gleichzeitig ein dritter zum Widerrist läuft.
Auch mit vier Teilnehmern kann dieses Spiel durchgeführt werden. Hierbei kann zum Beispiel der vierte Voltigierer den am äußeren Gurtgriff befindlichen Mitspieler an die Hand fassen und noch eine Weile mitlaufen, oder der dritte und vierte Voltigierer berühren auch an der Außenseite den Widerrist und die Kruppe des Pferdes.

5

Anmerkung: Dieses Spiel erfordert ein hohes Maß an Konzentrationsfähigkeit und körperlicher Schnellkraft. Es ist außerdem sehr temporeich, besonders wenn das Pferd dabei trabt. In unseren integrativen Voltigiergruppen ist es überaus beliebt.

Laufspiel mit 4 Teilnehmern am Pferd.

Laufspiel 3
Material: ist nicht erforderlich.

Spielverlauf: Die Voltigierer laufen der Reihe nach einzeln an das schreitende, trabende oder galoppierende Pferd heran, fassen mit der Hand in die Gurtschlaufe oder an den Gurtgriff und zählen laut vier Pferdeschritte beziehungsweise Galoppsprünge mit, lassen dann sofort los und laufen zur Gruppe zurück.

Variante: Je zwei Voltigierer laufen zusammen zum Pferd und zählen gemeinsam vier Schritte oder Galoppsprünge mit.

Anmerkung: Dieses Spiel eignet sich besonders gut für integrative Voltigiergruppen, da einzelne behinderte Voltigierer (noch) kein hinreichendes Zahlen- und Mengenverständnis aufweisen. Hier können die nichtbehinderten Mitspieler in spielerisch-lockerer Form Hilfen geben.

Partnerspiel mit verdeckten Augen am Pferd
Material: ein oder mehrere Tücher.

Spielverlauf: Die Voltigierer bilden in freier Wahl Paare, bei ungerader Anzahl spielt der Voltigierhelfer mit. Jeweils ein Paar geht in die Mitte zum Voltigierpädagogen, dort werden dem einen die Augen mit einem Tuch verdeckt. Sein Partner führt ihn nun an der Longe entlang zum schreitenden Pferd. Vorher hat er die Aufgaben erhalten, mit einer Hand in die Gurtschlaufe oder an den Griff zu fassen und mit der anderen Hand das Pferd am Hals zu streicheln. Sobald der Voltigierer diese Aufgaben erfüllt hat, wird ihm das Tuch von den Augen entfernt, und das Paar läuft zum Voltigierpädagogen in die Zirkelmitte zurück. Nun werden die Augen des Partners verdeckt und der andere führt diesen an der Longe entlang zum Pferd, wo er die gleichen Aufgaben erteilt bekommt.

Anmerkung: Bei diesem Spiel wird von den Teilnehmern ein großes Vertrauen zu seinem Partner, zum Voltigierpädagogen und, ganz erheblich, zum Pferd vorausgesetzt. Es sollte daher nicht in gerade neu zusammengesetzten integrativen Voltigiergruppen angeboten werden, vielmehr sollten sich alle Beteiligten schon über einen längeren Zeitraum kennen. Schon lange bestehende integrative Voltigiergruppen können dagegen dieses Spiel auch am trabenden Pferd durchführen, wobei der Partner den „nichtsehenden" Mitspieler an das trabende Pferd heranführt, dessen Hand zur Gurtschlaufe beziehungsweise zum Gurtgriff lenkt und beide zusammen eine Runde mitlaufen.

Spiel mit rotem Tuch

Material: ein rechteckiges rotes Tuch.
Spielverlauf: Der Voltigerhelfer bindet ein rotes Tuch locker um den inneren Gurtgriff. Ein Voltigierer sitzt auf, löst das Tuch, bindet es an den äußeren Gurtgriff und springt nach außen vom Pferd ab. So-

gleich springt der nächste Voltigierer auf, löst erneut das Tuch und bindet es wieder an den inneren Griff. Er springt anschließend nach innen ab.

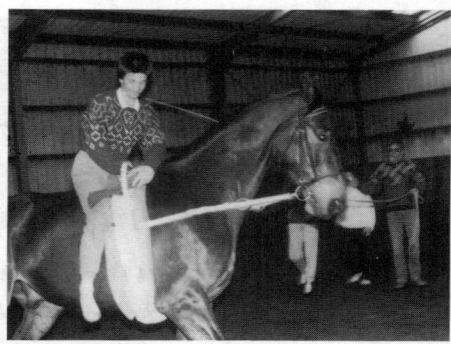

Hier wird das Tuch von innen nach außen gewechselt.

Variante: Es können auch zwei verschiedenfarbige Tücher eingesetzt werden, zum Beispiel ein rotes und ein blaues. Beide müssen an den Gurtgriffen vertauscht werden und die Voltigierer gehen dann immer an der Seite ab, an der sich zum Beispiel das rote Tuch befindet (vorher absprechen!).

Anmerkung: Während bei dem ersten Spielvorschlag neben einem Training der manuellen Geschicklichkeit die Begriffsbildung beziehungsweise -festigung „innen — außen" die Lernzielschwerpunkte bilden, steht bei der Variante die Farbbenennung „rot — blau" im Vordergrund. Beide Spielhandlungen können gleichermaßen bei jüngeren und auch älteren Voltigierern angeboten werden. Es sollte allerdings nicht auf dem trabenden, sondern ausschließlich auf dem schreitenden oder galoppierenden Pferd, je nach Leistungsstand der einzelnen Voltigierer, durchgeführt werden. Auf einem trabenden Pferd lassen sich solche feinmotorischen Tätigkeiten nur schwer ausführen. Statt eines Knotens kann das Tuch auch mehrmals locker um den Griff geschlungen werden, das ist eventuell für manche Mitspieler einfacher zu handhaben.

Horch-Spiel
Material: Pro Mitspieler ein längliches Tuch (Schal).
Spielverlauf: Alle Teilnehmer sitzen mit vom Tuch verdeckten Augen in der Hokke oder auf den Knien um den Zirkel oder am Rand der gesamten Reithalle beziehungsweise des Außenreitplatzes verteilt. Das Pferd wird geführt oder schreitend trockengeritten. Sobald jemand glaubt, nun sei das Pferd genau neben ihm, ruft er laut „Jetzt", steht auf und entfernt das Tuch von seinen Augen.

Anmerkung: Dieses Spiel bietet sich besonders zum Abschluß einer Voltigierstunde an, denn bei verschiedenen Aufgabenverteilungen ist dennoch ein gemeinsames Abschlußerlebnis möglich: einer kann das Pferd trockenreiten, ein weiterer führt eventuell das Pferd und alle anderen lauschen, wann das Pferd sich ihnen nähert. So kehrt bei allen Voltigierern Ruhe zurück, und alle können entspannt und ausgeglichen den Heimweg antreten.

Gemeinsame Unternehmungen

Zu dem wöchentlich stattfindenden Freizeitangebot im Voltigieren ist es von großer Wichtigkeit, wenn auch andere gemeinsame Freizeitaktivitäten unternommen und Höhepunkte durch Teilnahme an Veranstaltungen gesetzt werden. Veranstaltungen können im Verein aber auch außerhalb, überregional sein. Jedes gemeinsame Unternehmen hat immer einen hohen Erlebniswert. Als gemeinsame Unternehmungen im Verein bieten sich Radtouren oder Radtouren/Ausritt mit gemeinsamem Treffpunkt und Picknick an. Auch Geburtstagsfeten gehören dazu. Es gibt viele Möglichkeiten gemeinsamer Aktivitäten.

So hat zum Beispiel eine unserer Integrationsgruppen neben dem gemeinsamen Voltigieren einmal in der Woche beim Trampolinspringen einer Jugendgruppe mitgemacht.

Höhepunkte im Jahresablauf des Vereins können zum Beispiel der „Tag der offenen Tür" und die Vereinsmeisterschaft sein.

An der Vereinsmeisterschaft sollten alle Aktiven, ob behindert oder nicht, teilnehmen und eine Anerkennung erhalten.

Gemeinsam beim Trampolinspringen in der Jugendgruppe.

Auch bei Leistungsprüfungen wie das „Kleine Hufeisen" können Behinderte mit Erfolg dabei sein.

Voltigier-Prüfung im Reit- und Fahrverein Isenbüttel

Alle Teilnehmerinnen waren erfolgreich

ISENBÜTTEL. Insgesamt 13 junge Reiterinnen des Reit- und Fahrvereins Isenbüttel nahmen jetzt an einer Prüfung im Voltigieren teil, nach deren erfolgreichem Abschluß es das „Kleine Hufeisen" als Auszeichnung gibt.

Doch bevor es soweit war, hieß es für alle, fleißig üben. Die Anforderungen entsprachen dem Programm für junge Voltigierer, die in absehbarer Zeit in den Turniersport eintreten wollen.

Aber auch für den theoretischen Teil dieser Prüfung mußte gelernt werden: die einzelnen Körperteile des Pferdes und die Bezeichnungen der Pferde-Farben mußten benannt werden. Kenntnisse über die Voltigierausrüstung und über das Zaumzeug bis hin zum selbständigen Auftrensen des Pferdes wurden außerdem von den jungen Voltigiererinnen verlangt. Ebenso mußten sie über den Aufbau einer Kür sowie deren Bewertung Kenntnisse nachweisen.

Die Prüferin, Oda Hahn aus Meine, machte es zum Abschluß für die Teilnehmerinnen ganz spannend: sie verriet erst während der Verteilung der Urkunden und Aufnäher, daß alle diese Prüfung erfolgreich absolviert hatten.

Unter ihnen befanden sich auch zwei Schülerinnen der Tagesbildungsstätte der Lebenshilfe Gifhorn, die schon zum zweiten Mal erfolgreich an dieser Prüfung teilgenommen haben, nachdem sie bereits im vergangenen Sommer das „Kleine Hufeisen" in der Sportart Reiten erworben hatten.

Bericht in der lokalen Presse über die Prüfung zum „Kleinen Hufeisen".

Im Jahresablauf unseres Vereins ist der „Tag der offenen Wiese" der wichtigste Höhepunkt für alle. Alle Vereinsmitglieder, Eltern und Geschwister sind dabei. Am Sonnabend wird gemeinsam gespielt und gesungen, ein gemeinsam zusammengestelltes Kaltes Buffet lädt zum Essen und Trinken ein und zum Abschluß wird noch eine Nachtwanderung durchgeführt. Die Nacht verbringen viele in ihren vorher aufgestellten Zelten auf dem Reitplatz. Auch die Pferde sind dabei. Es ist immer ein schönes, unvergeßliches Erlebnis.

Behinderte und Nichtbehinderte, Eltern und Geschwister und andere Vereinsmitglieder, alle spielen, singen und unterhalten sich miteinander, sie lernen sich kennen und schätzen, alle sind fröhlich. Für den nächsten Morgen haben einige das Frühstück für die Camper zubereitet. Nach dem gemeinsamen Frühstück geht's los. Dieser Tag ist der „Öffentlichkeitsarbeit" gewidmet. Alle Aktiven zeigen Ausschnitte aus ihrem Übungsprogramm. Die Freizeit- und Integrationsarbeit wird so einem erweiterten Publikum vorgestellt. Neben der eigenen Darstellung werden für die Besucher Angebote im „Kutschenfahren" und „Voltigieren für Gäste" gemacht. Solche Veranstaltungen haben immer auch eine integrativ wirkende Funktion, sie bewirken Überraschung und Erstaunen darüber, welche gemein-

Zwei unserer Integrationsgruppen beim Landesbehindertenreitertag 1987 in Lüneburg.

samen Möglichkeiten Behinderte und Nichtbehinderte miteinander haben und zu welcher gemeinsamen Leistung sie fähig sind.

Veranstaltungen dieser Art sollten wegen ihrer integrativ wirkenden Funktion nicht unterschätzt werden. An solchen Tagen trifft ein Publikum zusammen, wie es in seiner Vielschichtigkeit selten der Fall ist. Behinderte und Nichtbehinderte, Freunde und Bekannte, Eltern und Geschwister, andere Vereinsmitglieder, Besucher aus der näheren Umgebung und eventuell noch Offizielle, all diese Leute schauen gemeinsam zu, unterhalten sich und tauschen Meinungen aus.

Weitere Höhepunkte im Jahresablauf von Integrationsgruppen sollten überregionale Veranstaltungen sein. So können Freundschaftstreffen stattfinden oder Reitertage organisiert werden. Im Bereich unseres Reiterverbandes findet einmal im Jahr ein Landes-Behinderten-Reitertag statt. Aus dem gesamten Verbandsbereich kommen Behinderten- und Integrationsgruppen und zeigen Ausschnitte aus ihrem Übungsprogramm im Voltigieren oder Reiten. Jeder aktive Teilnehmer erhält als Anerkennung eine Schleife und eine Urkunde.

Neben den Vorführungen werden noch andere Aktivitäten in einem Beiprogramm angeboten. Der Landesbehindertenreitertag ist in der Regel an einem Tag. Die Teilnahme an überregionalen Veranstaltungen kann auch für weitere Erlebnisangebote genutzt werden, wie zum Beispiel Übernachtung in der Jugendherberge. So fahren schon seit Jahren Gruppen von uns zu einem überregionalen Reitertag, für den sie immer drei Tage mit zwei Übernachtungen in der Jugendherberge einplanen. Bei solchen gemeinsamen Unternehmen zeigt es sich,

daß kooperatives Verhalten, Helfen und Helfenlassen sich nicht nur auf die gemeinsame Voltigierstunde beschränkt, sondern auch auf das tägliche Leben übertragbar ist. Die gemeinsamen Aufgaben in der Jugendherberge, die Versorgung der Pferde außerhalb der gewohnten Umgebung und vieles mehr werden selbstverständlich gemeinsam erledigt und Hilfen dort gegeben, wo es notwendig ist, wie zum Beispiel manchmal beim Bettenbauen. Solche Unternehmungen bewirken ein noch intensiveres Kennen- und Schätzenlernen und eine Erweiterung des Erfahrungshorizontes bei den Behinderten und den Nichtbehinderten und den Gruppenleitern. Die Gruppe entwickelt ein Wir-Gefühl.

Ein Erlebnis besonderer Art ist eine gemeinsame Reiterfreizeit. So ein Unternehmen hat natürlich einen sehr hohen Erlebnis- und Erinnerungswert. Wir hatten das Glück, so eine Reiterfreizeit für eine Woche mit täglichen längeren Ausritten auf Islandpferden zu erleben. Alle Teilnehmer, ob behindert oder nicht, konnten allerdings auch selbständig reiten, einige waren sogar sehr gute Reiter. Warum führen wir gemeinsame Unternehmungen außerhalb der wöchentlichen Voltigierstunde durch? Zunächst hat es einen bestimmten Reiz, etwas Neues, etwas Anderes miteinander zu beginnen. Allen Beteiligten eröffnen sich neue Lebensbereiche mit weiteren Erlebnissen und Begegnungen. Die Gruppe, und somit auch jeder Einzelne, wird in einer neuen, anderen Situation gefordert. Bestimmte Aufgaben wollen gelöst werden. Es entwickelt sich ein stärkeres Zusammengehörigkeitsgefühl, die Gruppe wird intensiver als solche erlebt und erfahren.

Eine gemeinsame 3-tägige Fahrt zum Beispiel mit den Pferden, den Übernachtungen in der Jugendherberge und der Vorführung in festlicher Atmosphäre vor vielen Zuschauern ist eine Herausforderung für alle. Viele Situationen des längeren Zusammenlebens, die verschiedenen notwendigen Aufgaben und der Höhepunkt der Vorführung müssen gemeinsam angegangen und gelöst werden. An die Bereitschaft und Fähigkeit jedes Gruppenmitgliedes, mit anderen zu kooperieren, werden hohe Ansprüche gestellt. Die Bewältigung der gemeinsamen Aufgaben, die vielen Erlebnisse und die vielen neuen zwischenmenschlichen Erfahrungen fördern das Zusammengehörigkeitsgefühl der Gruppe. Schließlich steigert das gemeinsame Erfolgserlebnis das Selbstwertgefühl jedes einzelnen Gruppenmitgliedes. Die gemeinsamen

Unternehmungen eröffnen sowohl Behinderten als auch Nichtbehinderten neue Lebens- und Entwicklungschancen.

Aber nicht nur größere gemeinsame Unternehmungen eröffnen neue, weitere Kooperations- und Erlebnismöglichkeiten, sondern jedes, noch so kurzfristige weitere gemeinsame Tun schafft neue Handlungs- und Erlebnisfelder.

Alle unsere bisherigen gemeinsamen Unternehmungen haben für die Teilnehmer einen hohen Erlebnis- und Erinnerungswert, auch dann, wenn sie viele Jahre zurückliegen.

Die Voltigierer aus den ersten Integrationsgruppen sind inzwischen erwachsen und in der Mehrheit weiterhin im Verein aktiv. Einige Nichtbehinderte und

Gemeinsame Reiterfreizeit im Taunus.

auch Behinderte haben inzwischen im Verein Aufgaben und Verantwortung übernommen. Festzustellen ist auch, daß viele Nichtbehinderte einen pädagogischen oder sozialpädagogischen Beruf gewählt haben und zum Teil im Behindertenbereich tätig sind. Auch diejenigen, die nicht mehr im Verein aktiv sind, nehmen von Zeit zu Zeit Kontakt mit ihren früheren Gruppenmitgliedern auf.

Auf der Grundlage unserer bisherigen Erfahrungen sind wir zu dem Schluß gekommen, daß durch das Angebot, die gemeinsame Sportart Voltigieren auszuüben und weitere gemeinsame Unternehmungen durchzuführen, sich sowohl bei Behinderten als auch bei Nichtbehinderten über die sinnvolle Freizeitbeschäftigung hinaus viele Möglichkeiten der Persönlichkeitsentwicklung und sozialen Integration eröffnet haben.

Grenzen der Integrationsarbeit

Einem Reitverein, mag er noch so aufgeschlossen gegenüber dem Integrationsgedanken sein, sind Grenzen gesetzt. Diese können sein:
— es stehen keine Halle und zuwenig Hallenstunden zur Verfügung,
— es fehlt ein geeignetes Pferd,
— es stehen zuwenig Übungsleiter und Helfer zur Verfügung,
— bei einigen Behinderten ist das gemeinsame Voltigieren mit Nichtbehinderten in der hier beschriebenen Form nicht oder noch nicht möglich, zum Beispiel bei starken Körperbehinderungen, bei einem zu geringen Verständnis für Anweisungen und Handlungsabläufe oder bei stark ausgeprägten Verhaltensauffälligkeiten wie extreme Passivität, zwanghafte Bewegungsunruhe, zwanghaft-stereotypes Handeln.

Das gemeinsame Voltigieren von Behinderten und Nichtbehinderten findet in der Regel seinen Abschluß im Erwachsenenalter.

Für die nichtbehinderten Voltigierer beginnt mit der Schulentlassung ein neuer Lebensabschnitt mit neuen Verpflichtungen (Lehre, Studium usw.) und andere Interessen stehen im Vordergrund.

Dieses bedeutet, daß die Anzahl der nichtbehinderten Voltigierer in der Gruppe mit zunehmendem Alter abnimmt.

Lebenshilfe für Behinderte
Kreisvereinigung Gifhorn e.V.
Vereinigung von Eltern und Freunden
Behinderter des Kreises Gifhorn

Mitglied im
Deutschen Paritätischen Wohlfahrtsverband

Lebenshilfe für Behinderte — Wilhelmstraße 7 — 38518 Gifhorn

LEBENSHILFE
für Behinderte

Frühförderung und Frühberatung,
Tweete 4, 38518 Gifhorn, Telefon (0 53 71) 30 57
Heilpädagogischer Kindergarten,
Wilhelmstraße 7, 38518 Gifhorn, Telefon (0 53 71) 5 66 30
Heilpädagogische Bildungsstätte
Wilhelmstraße 7, 38518 Gifhorn, Telefon (0 53 71) 5 10 77
Familienentlastender Dienst,
Wilhelmstraße 7, 38518 Gifhorn, Telefon (0 53 71) 5 10 77
Heilpädagogische Bildungsstätte,
Schützenstraße 18, 29378 Wittingen, Telefon (0 58 31) 85 00
Werkstatt für Behinderte,
Im Heidland 19, 38518 Gifhorn, Telefon (0 53 71) 89 20,
Telefax (0 53 71) 89 21 19
Wohnanlage für Behinderte — Eberhard-Schomburg-Haus,
II. Koppelweg 1 a, 38518 Gifhorn, Telefon (0 53 71) 5 10 66
Wohnanlage für Behinderte,
Bäckerstraße 89, 38518 Gifhorn, Telefon (0 53 71) 5 40 59
Wohntraining Keplerstraße 6,
38518 Gifhorn, Telefon (0 53 71) 5 21 51
Außenwohngruppe Flatower Straße 31,
38518 Gifhorn, Telefon (0 53 71) 5 73 84
Außenwohngruppe Kopernikusstraße 47,
38518 Gifhorn, Telefon (0 53 71) 1 71 18

Liebe Eltern,

Ihr Kind nimmt am Heilpädagogischen Voltigieren im Rahmen des Förderprogrammes unserer Tagesbildungsstätte teil.

Wir halten es für notwendig, daß diese Fördermaßnahme auch vom medizinischen Aspekt her abgesichert wird und bitten Sie daher, das anliegende Schreiben Ihrem Haus- oder Kinderarzt zu übergeben und

auf die medizinische Unbedenklichkeit des Heilpädagogischen Voltigierens hin untersuchen zu lassen.

Wir danken Ihnen im voraus, daß Sie sich im Interesse der Förderung Ihres Kindes dieser Mühe unterziehen.

Mit freundlichen Grüßen

(W. Kaune)
Päd. Leiter

Geschäftsstelle: Wilhelmstraße 7, 38518 Gifhorn, Telefon (0 53 71) 5 10 77
Geschäftsführer: Hans-Jürgen Heinze
Bank: Sparkasse Gifhorn-Wolfsburg — Konto (BLZ 269 513 11) 011 006 640

Lebenshilfe für Behinderte
Kreisvereinigung Gifhorn e.V.
Vereinigung von Eltern und Freunden
Behinderter des Kreises Gifhorn

Mitglied im
Deutschen Paritätischen Wohlfahrtsverband

Lebenshilfe für Behinderte — Wilhelmstraße 7 — 38518 Gifhorn

LEBENSHILFE
für Behinderte

Frühförderung und Frühberatung,
Tweete 4, 38518 Gifhorn, Telefon (0 53 71) 30 57

Heilpädagogischer Kindergarten,
Wilhelmstraße 7, 38518 Gifhorn, Telefon (0 53 71) 5 66 30

Heilpädagogische Bildungsstätte
Wilhelmstraße 7, 38518 Gifhorn, Telefon (0 53 71) 5 10 77

Familienentlastender Dienst,
Wilhelmstraße 7, 38518 Gifhorn, Telefon (0 53 71) 5 10 77

Heilpädagogische Bildungsstätte,
Schützenstraße 18, 29378 Wittingen, Telefon (0 58 31) 85 00

Werkstatt für Behinderte,
Im Heidland 19, 38518 Gifhorn, Telefon (0 53 71) 89 20,
Telefax (0 53 71) 89 21 19

Wohnanlage für Behinderte — Eberhard-Schomburg-Haus,
II. Koppelweg 1 a, 38518 Gifhorn, Telefon (0 53 71) 5 10 66

Wohnanlage für Behinderte,
Bäckerstraße 89, 38518 Gifhorn, Telefon (0 53 71) 5 40 59

Wohntraining Keplerstraße 6,
38518 Gifhorn, Telefon (0 53 71) 5 21 51

Außenwohngruppe Flatower Straße 31,
38518 Gifhorn, Telefon (0 53 71) 5 73 84

Außenwohngruppe Kopernikusstraße 47,
38518 Gifhorn, Telefon (0 53 71) 1 71 18

Medizinische Unbedenklichkeitsbescheinigung
zum Heilpädagogischen Voltigieren/Reiten

Sehr geehrte(r)

Frau Dr.
Herr Dr.

seit mehreren Jahren führen wir bei uns das Voltigieren und Reiten als heilpädagogische Maßnahme durch.

Das Heilpädagogische Voltigieren/Reiten ist ein Bereich des Therapeutischen Reitens. Das Therapeutische Reiten umfaßt die Bereiche:

1. Hippotherapie
   — ärztlich verordnete und überwachte bewegungstherapeutische Maßnahme, die von speziell ausgebildeten Krankengymnasten/innen durchgeführt wird.

2. Heilpädagogisches Voltigieren/Reiten
   — durch entsprechend qualifizierte Pädagogen und Psychologen durchgeführte heilpädagogische Maßnahme bei Kindern, Jugendlichen und Erwachsenen mit verschiedenen Behinderungen, Entwicklungsverzögerungen und/oder Verhaltensauffälligkeiten.

3. Behindertenreiten/Behindertenvoltigieren
   — Reiten und Voltigieren bieten eine Möglichkeit der sportlichen Betätigung, Freizeitgestaltung, Rehabilitation und sozialen Integration von Behinderten.

- 2 -

152

- 2 -

Zuweilen können sich die verschiedenen Bereiche überschneiden.

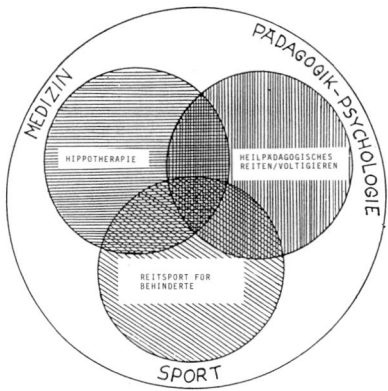

Schematische Darstellung der verschiedenen Bereiche im Therapeutischen Reiten.

Dieses Konzept für das Therapeutische Reiten ist zusammengestellt vom Deutschen Kuratorium für Therapeutisches Reiten e.v.. Das Kuratorium ist ein gemeinnütziger Verein, in dem namhafte Mediziner, Pädagogen und Psychologen mitwirken. Das Kuratorium Therapeutisches Reiten hat Ausschlußkriterien für das Heilpäd. Voltigieren/ Reiten aufgestellt.

Als Kontraindikationen werden hier genannt:

„Zum Beispiel floride Wirbelsäulenerkrankungen (zum Beispiel Morbus Scheuermann), Multiple Sklerose im akuten Schub, Skoliosen III. Grades, Coxarthosis deformans (bedingt), Pferdehaarallergie, kardiale Dekompensation".

Wir bitten Sie zu überprüfen, ob bei _____
eine Kontraindikation vorliegt und falls dieses nicht der Fall ist, eine medizinische Unbedenklichkeitsbescheinigung für das Heilpädagogische Voltigieren/Reiten auszustellen.

Mit freundlichen Grüßen

(Wilhelm Kaune)
Dipl. Sozialarbeiter und Heilpädagoge

Ärztliche Bescheinigung

Hiermit wird bescheinigt, daß _____
aus medizinischer Sicht

O   uneingeschränkt am Heilpädagogischen Voltigieren /Reiten
teilnehmen darf.

O   nicht am Heilpädagogischen Voltigieren/Reiten teilnehmen
darf, da folgende Kontraindikationen vorliegen:

_____

_____

_____

_____
Unterschrift des Arztes

Literaturnachweis/Weiterführende Literatur

Bach, H.: Geistigbehindertenpädagogik. Berlin-Charlottenburg 1974, Carl Marhold Verlagsbuchhandlung

Brandl, A.: Modernes Reiten: Schritt, Trab, Galopp. 1977, BLV Verlagsgesellschaft mbH, München

Bundesvereinigung Lebenshilfe für geistig Behinderte (Hrgs.): Freizeitförderung bei geistig Behinderten. 7. Auflage, Marburg 1986 (Sonderdruck)

Bundesvereinigung Lebenshilfe für geistig Behinderte (Hrsg.): Sport geistig Behinderter, Ergänzbares Handbuch zu Bewegung, Spiel und Sport. Marburg 1986

Correll, W.: Pädagogische Verhaltenspsychologie. München/Basel 1969, Ernst Reinhard Verlag

Entwurf der niedersächsischen Rahmenrichtlinien für den Unterricht in der Schule für Geistigbehinderte — Abschlußstufe —. Stand Juni 1992

Frostig, M.: Bewegungserziehung, Neue Wege der Heilpädagogik. München/Basel 1973, Ernst Reinhardt Verlag

Gäng, M.: Heilpädagogisches Reiten. München/Basel, Ernst Reinhardt Verlag, 1983

Gäng, M. (Hrsg.): Heilpädagogisches Reiten und Voltigieren, München/Basel 1990, Ernst Reinhard Verlag

Gast, U./Rüsing, B.: Voltigieren Lernen — Lehren. 1991. FN-Verlag der Deutschen Reiterlichen Vereinigung GmbH, Warendorf

Harbauer, H. / Lempp, R. / Nissen, G. / Strunk, P.: Lehrbuch der speziellen Kinder- und Jugendpsychiatrie. 2. überarbeitete Auflage, Berlin/Heidelberg/New York 1974, Springer Verlag

Heipertz-Hengst, C. / Kröger, A. / Riesser, H./Ringbeck, B./Ringbeck, M.: Das Pferd in Medizin, Pädagogik und Sport: „Therapeutisches Reiten", Praxis der Psychomotorik, 3. Jahrgang, Heft 4/1978. Verlag Modernes Lernen, Dortmund

Heipertz, W. (Hrsg.): Therapeutisches Reiten. Medizin, Pädagogik, Sport, Stuttgart 1977, Franckhs Reiterbibliothek

Irmischer, T.: Bewegungserziehung geistig Behinderter, Geistige Behinderung, 20. Jahrgang, Heft 4/1981. Bundesvereinigung Lebenshilfe für geistig Behinderte, Marburg

Kaune, W.: Das Heilpädagogische Voltigieren mit geistig behinderten Schülern, Wissenschaftliche Publikation, 1982, FN-Verlag der Deutschen Reiterlichen Vereinigung GmbH, Warendorf

Kaune, W.: Behindertenvoltigieren/Behindertenreiten mit geistig Behinderten. Eine Möglichkeit der Freizeitgestaltung und Integration, dargestellt am Beispiel des Reit- und Fahrvereins Isenbüttel, Therapeutisches Reiten 1983, Heft 2, S. 12-13

Kröger, A.: Mit Pferden erziehen. 1969, Jugendwohl, Heft 3, S. 104-110

Kröger, A.: Die heilpädagogische Wirkung des Reitsports bei verhaltensauffälligen Kindern und Jugendlichen in: Reiten heute — Analysen, Perspektiven. 1980, FN-Verlag der Deutschen Reiterlichen Vereinigung GmbH, Warendorf, S. 37-43

Martin A.: Voltigieren. Berlin/Hamburg 1991, Verlag Paul Parey

Meyer, H.: Reiten und Ausbilden. Hildesheim 1988, Olms Presse

Meyners, E.: Fit aufs Pferd. 1986, Jahr Verlag GmbH & Co, Hamburg

Ohms, U., Göhler, I.: Erste Erfahrungen mit dem Therapeutischen Reiten bei verhaltensgestörten Kindern. Die Heilberufe (DDR) 1974. Heft 4, S. 119-124

Petersen, P.: Voltigierlehrbuch. Bad Homburg o. J. Limpert Verlag

Piaget, J.: Das Erwachen der Intelligenz beim Kinde. Stuttgart, 2. Auflage 1973, Ernst Klett Verlag

Piaget, J.: Psychologie der Intelligenz — Das Wesen der Intelligenz — Die Intelligenz und die sensomotorischen Funktionen — Die Entwicklung des Denkens. München 1976, Kindler Verlag

Piaget, J./Inhelder, B.: Die Psychologie des Kindes. 3. Auflage, Frankfurt/M., Fischer 1979

Richtlinien für Reiten und Fahren, Band I, Grundausbildung für Reiter und Pferd. 1986, FN-Verlag der Deutschen Reiterlichen Vereinigung GmbH, Warendorf

Rieder, U.: Richtig Voltigieren. München/Wien/Zürich 1991, BLV Verlagsgesellschaft

Ringbeck, B.: Heilpädagogisches Voltigieren und Reiten. Veröffentlichung im offiziellen Organ und Verbandsinformation des Deutschen Kuratoriums für Therapeutisches Reiten e.V.

Sekretariat der Ständigen Konferenz der Kultusminister der Länder in der Bundesrepublik Deutschland (Hrsg.): Empfehlungen für den Unterricht in der Schule für Geistigbehinderte. Neuwied 1980, Hermann Luchterhand Verlag

Solarová, Sv. (Hrsg.): Mehrfachbehinderte Kinder und Jugendliche. Berlin-Charlottenburg 1972, Carl Marhold Verlagsbuchhandlung

Sportlehre für Reiten, Fahren und Voltigieren — Ausgewählte Beiträge. 1982, FN-Verlag der Deutschen Reiterlichen Vereinigung GmbH, Warendorf

Staatsinstitut für Schulpädagogik und Bildungsforschung München, Lehrplan Werkstufe der Schule für geistig Behinderte. 1980

Wendler, J.: Psychologische Analysen geistiger Behinderung. Weinheim/Basel 1976, Beltz Verlag

Zielniok, Walter-J./Schmidt-Thimme, Dorothea: Gestaltete Freizeit mit geistig Behinderten. 3. erw. Auflage, Heidelberg 1983, Schindele

Abbildungsnachweis

1) Modifizierte Grafik nach „Therapeutisches Reiten – Medizin, Pädagogik, Sport" von W. Heipertz (Hrsg.)

Fotonachweis

Eickmeyer, Gabriele
Seiten: 111, 112, 113, 117, 119, 122

Gehrke, Margarete
Seiten: 46, 47, 49, 51, 65, 66, 74, 75, 76, 77, 94, 95, 101, 105, 132, 133, 134, 135, 138, 139, 141, 143, 144, 147

Gifhorner Rundschau
Seite: 146

Kaune, Elke
Titelfoto und Seite: 107

Kaune, Wilhelm
Seiten: 51, 52, 57, 57, 81, 90, 91, 92, 93, 96, 97, 98, 99, 102, 106, 145, 149

Quellenverzeichnis

1) und 2) Informationsblatt der Lebenshilfe o.J. (ca. 1991)

3) und 4) Speck, Otto: Menschen mit geistiger Behinderung und ihre Erziehung. München, Basel 1990, S. 43/S. 39

5) Empfehlungen für den Unterricht in der Schule für Geistigbehinderte, S. 4, Abs. 5

6) Empfehlungen für den Unterricht in der Schule für Geistigbehinderte, S. 4, Abs. 4

7) Methodische Übungsreihe zum Erlernen der Mühle, P. Petersen, S. 44/U. Rieder, S. 60 f.

8) Lernschritte für den Aufsprung, U. Rieder, S. 46 f.

9) Grundsitz, P. Petersen, S. 34/35, U. Rieder, S. 53 f.

10) Methodische Übungsreihe zum Erlernen der Fahne, P. Petersen, S. 38/U. Rieder, S . 58 f.

11) und 12) Empfehlungen für den Unterricht in der Schule für Geistigbehinderte, S. 94/S. 100

13) und 14) Entwurf Rahmenrichtlinien für den Unterricht in der Schule für Geistigbehinderte — Abschlußstufe — S. 2

15) Empfehlungen für den Unterricht in der Schule für Geistigbehinderte, S. 7

Sportlehre

Lernen, Lehren und Trainieren im Pferdesport

Der Ausbilder im Pferdesport muß neben praktischen Fertigkeiten und theoretischen Kenntnissen im Reiten, Fahren und Voltigieren auch über Erfahrungen in den Bereichen „Lernen, Lehren und Trainieren" verfügen.

Im Unterricht kommen vielschichtige Beziehungen zwischen Sportler und Pferd, Sportler und Ausbilder, Pferd und Ausbilder, sowie der Reiter, Voltigierer und Fahrer untereinander zum Tragen.

Mit diesem Buch wird der entscheidende Brückenschlag von der Theorie zur Ausbildungspraxis in den Bereichen Pädagogik, Psychologie und Sportphysiologie vorgenommen.

192 Seiten, zahlreiche Zeichnungen und Graphiken

ISBN 3-88542-251-4   **DM 39,80**

Balance in der Bewegung

Der Sitz des Reiters

Das Geheimnis des guten Sitzes liegt in der Verbindung von Sitz und Einwirkung. Ziel ist die harmonische äußere Form in Verbindung mit einer gefühlvollen, kaum sichtbaren Verständigung zwischen Reiter und Pferd.

Mit den geschulten Augen einer Krankengymnastin und Amatuerreitlehrerin betrachtet Susanne von Dietze in diesem Buch den „klassischen Sitz" des Reiters. Dabei vermittelt die Autorin dem Leser die überraschende, ja frappierende Einsicht, wie genial die in der traditionellen Reitlehre festgeschriebenen Anforderungen an den reiterlichen Sitz auf den menschlichen Körper zugeschnitten sind.

176 Seiten, 220 Fotos und Zeichnungen, Gb.

ISBN 3-88542-258-1   **DM 44,00**

Fordern Sie unser kostenloses Gesamtverzeichnis an! Sämtliche Titel sind auch über den Buch- und Reitsporthandel zu beziehen.

FN-Verlag der Deutschen Reiterlichen Vereinigung GmbH.
Postfach 11 03 63 · 48205 Warendorf